JN093835

辞書編集者が選ぶ

美しい日本語101

神永曉

本文デザイン・装幀／出口 城

はじめに

私は、もともとは辞書編集者です。そのような私が、この本で辞書編集者として絶対にやってはいけないことに手を染めてしまいました。そのことを最初に告白しておきます。

それはどういうことかというと、辞書編集者は辞書に載せることばの用例をさまざまな文献から採集しているのですが、その文章を読んでしまったのです。文章を読まなかったら、用例を見つけることはできないのではないか？　多くのかたはそう思われることでしょう。でも文章を読んでしまったら、用例の採集はできないのです。

もちろん、文献の中からことばの用例を探すときには、文章に目を通します。でも、そこに書かれた内容をそしゃくしていたら、必要としていることばの例は見つけることができません。

このことを私は、辞書編纂(へんさん)者として名高い二人のかたから教わりました。

『日本国語大辞典（日国）』初版・第二版の編集委員だった松井栄一(まついしげかず)先生（一九二六〜二〇一八）と、『日国』初版の編集委員で、『明解国語辞典』『三省堂国語辞典』の編者だった見坊豪紀(けんぼうひでとし)先生（一九一四〜九二）です。

松井栄一先生はこんなかたです。

「『日本国語大辞典』初版（1972〜1976）では立項する項目45万語の選定をほぼ一人で行うなど、編集委員の中心となり、『大日本国語辞典』を受け継ぐ用例主義の辞典として、他の追随を許さない国語辞典に仕立て上げた。また、とくに明治以降の小説や評論、エッセーなどから、膨大な数の日本語の実例を採集し、これらの用例は、『日本国語大辞典』初版に収録された近代以降の用例のかなりな部分を占めることとなった。さらに、初版刊行後も用例の採集を続け、第二版（2000〜2002）でも近現代の用例を数多く増補している。用例の採集にあたっては、より古い文献例を採集するだけでなく、意味や用法が従来と異なるもの、語形や表記が異なるものなどさまざまな実例をみつけだし、近代語がどのような変化を遂げてきたのか、実証的に解き明かそうとした」（『日本大百科全書（ニッポニカ）』小学館）

長々と引用しましたが、これは『ニッポニカ』という百科事典の解説で、インターネットのコトバンクという辞書サイトにも収録されているものです。内容も間違いないと思います。何しろ私の署名原稿ですから。

見坊豪紀先生は新聞、雑誌などから多くの新語や日本語の実例を採集して、一四〇万枚に及ぶ用例カードを作成なさったかたです。私は辞書編集者になって二年目の一九八一年の初夏に、東京の大泉学園にある見坊先生の明解研究所に伺って、新語の採集方法について教えを受けました。研究所といっても閑静な住宅地の中の一軒家で、家に入ると壁面を埋め尽くしたカードの収納棚に圧倒されました。

一日に採集する用例数は二〇語くらいにするとよい、そうすることによって継続してできるようになるといった、かなり具体的なことを教えていただきました。

私は、松井先生からは主に近代文学の作品から用例を採集する方法を、見坊先生からは新聞や雑誌などから新語と呼ばれる語を採集する方法を教えていただきました。そのときに、文献からことばの例を採集する際には、その本の内容を読んではいけない、対象とする文献の内容を理解しようとしてはいけないと、お二人は同じことをおっしゃったのです。

見坊先生は、

「ことばの採集は内容を読むのではなく、ことばを読む人にしかできない」

ともおっしゃいました。そしてその対象となることばは、見たり聞いたりしたことのない珍しいことばではなく、普通に使われていることばこそ大事なのだということも教えていただきました。

ただ、当時私はまだ駆け出しの辞書編集者でしたので、本当に先生がたは書かれた文章の内容を理解せずに、ことばだけを探しているのだろうかと思ったことがあります。そこで、一度松井先生に、やはりその本の内容をまったく理解しないなんてことはあり得ないのではないかと、大変失礼なことをお聞きしたことがありました。

すると先生は、

「ぼくはことばを採集しているだけなので、名作と呼ばれる作品にも目を通していますが、中身をちゃんと読んでいるわけではありません。ですので作品の好き嫌いもありませんし、粗筋を聞かれてもほとんどわかりません」

とおっしゃったのです。私は最初謙遜（けんそん）かと思ったのですが、そうではなかったようです。松井先生は『ニッポニカ』の解説にも書いたように、『日国』に収録した、明治以降の小説や評論、エッセーなどの用例の多くを採集なさったかたです。私も先生から用例を採集する対象とした文献は、日本語の歴史を知る上でどのように重要なものであるかということは細かく教えていただきました。でも、亡くなる直前まで比較的身近にいた私でも、それらの文献の内容について先生がどのような感想をお持ちか、一度もお聞きしたことはなかったのです。

松井先生がもしご存命で、本書をお見せしたら、何とおっしゃったでしょうか。おそらく、「神ちゃん（私は先生からそのように呼ばれていました）は、用例を採集するための本を読んじゃったんだね」とおっしゃったことでしょう。ただ、何事にも寛大な松井先生のことですから、こう付け加えて許してくださるような気がするのです。

「用例とのそういう付き合い方もあるよね」

と。

辞書編集者としての私は、松井先生をはじめ、多くのことばの専門家が採集なさった用例を底本に戻って確認するという、とても刺激的、かつ幸せな仕事を長い間担当していました。もちろんその確認作業は私一人で行ったわけではなく、六〇人以上の主に大学院生に手伝ってもらいました。

その作業を通じて、私は、あっ、先生がたはこのような例が『日国』に必要だと思われたのだ！　ということを実際に学ぶことができたのです。それらの例は、そのことばの意味が特殊なものもありましたし、用法や表記が独特なものもありました。間違いなく日本語の多様性を学ぶことができたのです。

辞書にとって、ことばの実際の使用例はなくてはならない骨格のようなものです。そして辞書の編集にかかわる者にとっては、この用例の採集は、絶対におろそかにしてはいけない仕事の一つです。

もし辞書を編集するうえで一番大事なものは何ですか？　と聞かれたら、私は迷わずにそのことばの用例と答えると思います。この「用例」とは、小型の辞典などで語釈の後に添えられた、その見出し語を使った例文とは異なります。私たちは、このような例文を用例と区別するために、作った例という意味で「作例」と呼んでいました。

これに対して文献からの用例は、出典、つまりその引用文の出どころとなった文献名がわかるようにしています。辞書編集者はこの用例をもとに、それぞれの語の意味や用法を考えていくのです。ですから、用例こそ辞書の骨格なのです。

二〇二〇年秋に日本で公開された、メル・ギブソン、ショーン・ペン主演の『博士と狂人』という映画をご覧になったかたもいらっしゃることでしょう。一八八四～一九二八年にイギリスのオックスフォード大学出版局から初版が刊行された、The Oxford English Dictionary（「オックスフォード英語辞典」、略称ＯＥＤ）の誕生秘話を描いた映画です。ＯＥＤ初版の編集主幹として編纂事業を牽引した、言語学者のジェームズ・マレー博士（一八三七～一九一五）と、マレー博士のもとに膨大な量のことばの用例を送り続けた、元アメリカの陸軍軍医ウィリアム・マイナーの友情を描いた作品です。二人は、互いにことばに取り憑かれ、それによって固い絆で結ばれます。

マイナーはイギリスで殺人を犯し逮捕されるのですが、精神の病を理由に〝無罪〟となり、精神科病院に収容されていました。精神を病んでもことばに対する鋭い感性を持ち続けたマイナーは、マレー博士の辞書編纂にかける献身的な姿に感動して、膨大な量のことばの用例を送り続けるのです。原作は、サイモン・ウィンチェスター著の『博士と狂人――世界最高の辞書ＯＥＤの誕生秘話』（鈴木主税訳、ハヤカワ文庫）です。

この映画でも、マレー博士は盛んに用例が必要だと言い続けていました。そしてマイナーも取り憑かれたように、さまざまな文献から用例の採集を行います。辞書にとって、用例はすべての解説の骨格になるくらい大事なものであるということを知っていると、この映画をもっと面白く見ることができると思います。

ただ、そのようにして採集した用例はあくまでも辞書の語釈のもとになるもので、内容を読み取るためのものではないのです。そのように扱うべき用例を私は読んでしまったわけですから、辞書編集者として、決してほめられたことではありません。

いささか格好をつけているかもしれませんが、本書の原点は少年時代にあった気がします。やはり子どもの頃から、本を読むことが好きでしたから。

愛読書は、家にあった講談社の「少年少女世界文学全集　全五〇巻」（一九五九〜六二年）でした。小学生の頃、この全集の気になるタイトルのものを、片っ端から読みふけっていました。世界文学全集というだけあって、さまざまな国の少年少女向けの文学作品が収録されていましたが、お気に入りの国はドイツ、フランスなどでした。ドイツのものでは、『飛ぶ教室』（ケストナー）、『悪童物語』（トーマ）が、フランスのものは『ああ無情』（ユゴー）、『三銃士』（A・デュマ）、『マテオ・ファルコーネ』（メリメ）、『愛の妖精』（サンド）、『十五少年漂流記』（ヴェルヌ）などが好きでした。

どちらかといえば当時は日本のものよりも、西洋の小説の方が好きでしたが、この文学全集のおかげで、日本の作家に興味を抱くようになったことも確かです。その中で、中学生になってから夢中になって読んだのは、芥川龍之介でした。そしてその作品世界に魅了されたことから、芥川が使っていることば、芥川語彙にも興味を持つようになりました。といっても、中学生のことですから、難解な語彙に対してではありませんが。

たとえば、「あいかわらず」という語もその一つです。こんな当たり前のことばのどこにひきつけられたのかというと、芥川の表記でした。芥川は、「あいかわらず」を「不相変」と書いたり、「相不変」と書いたりしていることに気づいたのです。どちらを書いても確かに「あいかわらず」と読める！　と変なことに感動したものでした。もちろん、「あいかわらず」を「不相変」「相不変」と書くのは芥川に限ったことではないと後で知るのですが、私にとっては間違いなくこの語は芥川語彙でした。

「就中」もそうです。「なかんずく」と読み、その中でとりわけ、特にといった意味の語です。芥川はこれを、

「僕は巻煙草をふかしながら、いつかペンを動かさずにいろいろのことを考えていた。妻のことを、子供たちのことを、就中姉の夫のことを」（『歯車』二　復讐）

などと使っています。ナカンズク！　なんて高尚（？）で、格好のいいことばなんだろうと思ったものです。ただ、中学生がまねをして使ってみたら、気恥ずかしい文章にしかならなかったのですが。

芥川から学んだ語彙の中から、本書では「畢竟（ひっきょう）」を取り上げました（P155）。詳しくは本文をお読みいただきたいのですが、高校生くらいのときに、「畢竟、先生の言説は私には理解できない事柄だ」などという文章を書いていたのです。いやな高校生だったに違いありません。

芥川に続いて読むようになった、森鷗外、夏目漱石には、幼心をくすぐるような語彙はあまりありませんでした。おそらく難しすぎたのでしょう。もちろん芥川語彙が平易だったという意味ではないのですが。でも、なぜかそれらの作家の語彙をまねするようなことは、ほとんどありませんでした。

芥川に次いで、使用語彙をまねするようになった作家がいます。太宰治です。ただ、太宰の熱烈なファンだったかというと、少し違うような気がします。すべての太宰の作品が、幼かった私に理解できたわけではなかったからです。ただ、本書でも取り上げた「面（おも）

映ゆい」（P205）などを使って、含羞を表現した作品は、心に響きました。

太宰の場合も、語彙だけでなく、表記にも心ひかれました。たとえば「ちょっと」がそうです。もちろん、少しという意味ですが、普通、漢字では「一寸」と書きます。でも太宰は、「鳥渡」を多用していることに気づいたのです。おそらく芥川は、この表記は使っていなかったと思います。たとえば太宰は、

「私は平静を装い、娘さんの差し出すカメラを受け取り、何気なさそうな口調で、シヤッタアの切りかたを鳥渡たずねてみてから、わなわなわななき、レンズをのぞいた」（『富嶽百景』）

などと使っています。

今はどうかわかりませんが、『富嶽百景』は高校の国語の教科書にも載っていたので、読んだことがあるというかたも大勢いらっしゃるでしょう。若い女性に富士山を背景に写真を撮ってくれと頼まれた「私」が、画面いっぱいに富士山だけ大きく入れてしまったという有名な場面です。私は、この太宰らしからぬ（？）おちゃめな場面よりも、「鳥渡」

という表記に心ひかれたのです。「鳥渡」と書いて「ちょっと」？　それこそちょっとどころか、この表記はよく使いました。「ちょっと」でも「一寸」でもなく、わざわざ「鳥渡」と書いた文章なんて、今にして思えばかなり子どもっぽかったことでしょう。

とにかく私の中では、太宰というと、自分にとってはことばの師匠だったという印象の方が強いのです。本書で引用している文章に、太宰の作品がけっこうあるのはそのためです。太宰ファンには、何もわかっていないとしかられそうですが。

本書で取り上げたことばは、私がいいことばだな、死語になってほしくないなと思ったものばかりです。でも、それらのことばを私自身がいつどこで知ったのか、ほとんど記憶にありません。残念ながらそのようなことをちゃんと覚えていられるほど、記憶力はよくありません。ですから、本書で引用していることばの用例は、私がそのことばを知るきっかけになったものではないということを、お断りしておきます。

本書を執筆するに当たって、今回新たにそのことばをさまざまな文学作品から探し、私がいい使い方をしているなと思った文章を収録しました。従って、本書で紹介した作品以外でもそのことばは使われているでしょうし、もっと適切な使い方をしているものがあるかもしれません。また、複数の作品からそのことばの使用例が見つかった場合は、愛読書であったり、かつて読んだことがあったりする作品を優先させました。

さらに、使用例を引用するだけにとどめておけばいいのに、その作家がどのようにそのことばを使っているのか解説まで施してしまいました。おまけに、その作品の簡単な紹介も行って、文学案内のようなことまでしています。本当に〝辞書屋風情（ふぜい）〟（「風情」P309）として、あるまじき行為だったかもしれません。それを承知で、あえてそのような無謀なことをしたのは、私自身がそうだったように、文学作品からことばを知ることはとても大事なことだという思いと、ことばから文学作品に興味を持つ人がいてもいいのではないかという思いがあったからです。

かつて私が辞書編集者として出版社勤めをしていたときに、国語辞典のゲラを読んでいて、いいことばだなと思ったことばだけを集めて、一冊の辞書にしてしまったことがあります。『美しい日本語の辞典』（二〇〇六年、小学館）という辞書です。

この辞書は語彙の選定は私が行いましたが、実際の語釈の執筆は、当時私が信頼していた若い日本語の専門家にお願いしました。この辞書はちょっと珍しい、読むための辞書だったこともあったからでしょう、私が現役を退いた今でも重版を続けているようです。私が育てた自慢の子どもの一つです。

この『美しい日本語の辞典』の内容に特に不満はありませんが、現役を退いてみると、今度は自分が面白い、すてきだなと思ったことばだけを選んで、自分のことばで解説を書いてみたいと思うようになってきたのです。しかも、引用する実際の使用例にもこだわって、その使い方や、さらにはその文章を引用した文学作品についても、読書案内といえるほどではありませんが、何か書いてみたいと思うようになったのです。この時点で、辞書編集者として用例に言及するという、越権行為をもくろんだことになります。でもその一方で、語釈と典型的な用例文を示しただけの『美しい日本語の辞典』とはまったく違う本になる、と確信したことは確かです。

本書に収録した語数は一〇一語しかありません。でも、いずれも日本人が長い年月をかけてはぐくんできた、素晴らしいことばばかりだと思います（私が勝手にそう思っているだけかもしれませんが）。一〇〇語という区切りのよい数ではなく一〇一語にしたのは、別にディズニーの犬がたくさん登場するアニメを意識したわけではありません。一〇一という中途半端な数字の方が、このようないいことばは日本語の中にもっとある、という私のメッセージを込められると考えたからです。あわよくば続編も書いてみたいという下心もあります。

本書で取り上げたことばに限らず、日本人がはぐくんできたことばを実際に味わい、あるいは、ご自分で使っていただけたら、これに勝る喜びはありません。

なお、引用文ですが、口語体の小説は読みやすさを優先させるために、旧仮名遣いのものは現代仮名遣いに改めました。ただし、明治以降の小説でも、文語体のものは歴史的仮名遣いのままとしました。詩歌、短歌も同様です。古典は歴史的仮名遣いのままです。引用文中の漢字は新字体に改めました。漢字で表記されていても、代名詞、接続詞、副詞などは平仮名にしたものがあります。読みにくい語には適宜振り仮名を付けました。送り仮名は原則として原文通りです。

二〇二一年三月

神永　曉

目次

辞書編集者が選ぶ 美しい日本語101
——文学作品から知る一〇〇年残したいことば

第三章 **文章表現**〈三〇～四五〉……127

第四章 **感情表現**〈四六～七四〉……183

第五章 **人間の性質**〈七五～八三〉……287

第六章　**人間関係**〈八四～一〇一〉……321

第一章

自然描写 〈一～一七〉

星霜（せいそう）

＝年月、または、一年のこと

「ただ与次郎の文章が一句だけはっきり頭にはいった。『自然は宝石を作るに幾年の星霜を費やしたか。またこの宝石が採掘の運に逢うまでに、幾年の星霜を静かに輝やいていたか』という句である。その他は不得要領に終った。その代りこの時間には stray sheep という字を一つも書かずにすんだ」

——夏目漱石『三四郎』より

暁（あかつき）

「あかつき」は、古くは「あかとき」といっていました。「明時」です。まさにそのようなときを表したことばなのです。「あかとき」は、日本最古の歌集『万葉集』にも使われています。たとえばこのような歌です。

「我が背子を大和へ遣るとさ夜ふけて鶏鳴露に我が立ち濡れし」（巻二・一〇五）

天武天皇（在位六七三～六八六）の皇女、大伯皇女の歌です。天武天皇が死んだ直後に大伯の同母弟の大津皇子は、謀反を企てたかどで捕らえられ刑死するのですが、大津はその直前に、伊勢斎宮だった姉大伯に会いに行きます。その際に詠んだとされる歌です。危険が待つ大和（飛鳥）に帰ろうとする弟を、夜通し立ち尽くして、暁の露に濡れるまで見送るという意味です。「背子」は女性から男性に親しみを込めて呼ぶときに使うことばで、実の姉の愛情が伝わってきます。「鶏鳴」と書いて「あかとき」と読ませている点にも注目してください。大伯皇女の歌からもおわかりのように、もとは夜半過ぎから夜明け近くの、まだ暗いころまでをいいました。

「あかつき」は、この「あかとき」が後に変化した語です。平安時代中期に清少納言が書いた『枕草子』の中にこのような文章があります。

「常よりことに聞こゆるもの。正月の車の音。また、鳥の声。暁のしはぶき。物の音はさらなり」（常よりことに聞こゆるもの）

ふだんより特別な感じに聞こえるものは、正月の牛車の音。また、正月の鳥の鳴き声。暁の咳ばらい。暁の音楽はいうまでもないという意味です。いつもとは異なるときに聞こえてくる音は、どこか特別に感じられるというのです。暁に聞こえる「しはぶき」がなぜ特別な感じに聞こえるのか、残念ながら説明がないのでわかりません。でもあれこれ勝手に想像してみるのも楽しいかもしれません。

「死」を思う薄明の時間——斎藤茂吉『つきかげ』

「あかつき」は、現在では語が表す時間帯はかなり狭まり、明け方のやや明るくなった時分をいいます。

アララギ派の代表的な歌人だった斎藤茂吉（一八八二〜一九五三）に、「暁」を使った次のような短歌があります。

「暁の薄明に死をおもふことあり除外例なき死といへるもの」

この短歌は茂吉の最終歌集となった『つきかげ』（一九五四年）に収録されています。昭和二五年の「晩春」と題された八首の中の一首です。このとき茂吉は六八歳でした。「暁の薄明」といっているのですから、明らかに現代の意味としての「暁」です。あたりが少し明るくなったときにふと目を覚まし、すべての人にやってくる死というものを思うという意味です。年配の方には（私もそうです）、思い当たる節があるのではないでしょうか。

「あかつき（暁）」は、読み方は違うのですが、私の名前で使われている漢字です。ただ私の正式な名前は「曉」と旧字体で書きます。だからというわけではないのですが、とてもきれいなことばだと思います。

さいとう・もきち【斎藤茂吉】

［1882～1953］歌人・医師。山形の生まれ。伊藤左千夫に師事、歌誌「アララギ」同人。歌集「赤光（しゃっこう）」により、アララギ派の代表的歌人となる。実相観入による写生説を唱えた。文化勲章受章。歌集「赤光」「あらたま」「ともしび」「白き山」、評論「柿本人麿」、歌論集「童馬漫語」など。

油照（あぶらで）り

「油照り」は、風もなく、薄日がじりじりと照りつけて、じっとしていても脂汗がにじみ出るような暑い天気のことをいいます。からりと晴れ上がって、太陽がじかに照りつける炎天とは違い、油を塗った体を、太陽にじりじりとあぶられるような感じのすることば

です。文字を見ただけで暑さが伝わってきませんか。かつては、このような天気の日は八月前半に多いとされていました。でも、最近は猛暑、酷暑の日が多く、あぶられているどころか、直接焼かれているような気がしますから、「油照り」という表現では少し物足りなく感じるかもしれませんね。

夏の季語でもあり、江戸中期の俳人菊岡沾涼（一六八〇～一七四七）に、次のような句があります。

「堤行歩行荷の息や油照り」（『綾錦』中）

「歩行荷」は荷物を歩いて運ぶ人のことです。風もなく、強い日差しがじりじりと照りつける夏の日に、川の堤を重い荷物を背負って、はあはあと荒い息づかいをしながら行く人がいるという意味です。一歩一歩、暑さに耐えながら地面を踏みしめて前に進む姿が目に浮かぶような句です。

純文学にして通俗小説――横光利一『家族会議』

「油照り」は季語ですが、もちろん俳句以外の例もあります。たとえば、横光利一（一八九八～一九四七）の長編小説『家族会議』（一九三五年）の次のような例です。

「泰子は午後の暑さがつづくと、庭の横の渡廊下を通り、土蔵の中の倉座敷に這入った。ここには畳が敷いてあって、鏡台から押入までついている。〈略〉家中では、ここが一番に涼しいので、油照りのじりじりした暑中は、多く、泰子はここにいた」（網島）

『家族会議』とは家庭小説のようなタイトルですが、東京の兜町で株式売買をする重住高之と大阪北浜の株のやり手仁礼文七の娘泰子との恋愛を描いた作品です。この大阪網島（大阪市都島区）の泰子の家にある倉座敷は、泰子の大切な着替えや、指輪、頭髪にかかわるものまですべて置かれている、お気に入りの場所でした。土蔵の中ですから、「油照り」の暑さのときにも比較的快適に過ごせたのでしょう。

高之と泰子の結婚は、泰子の父文七によって仕掛けられた激しい仕手戦のために、東京側の高之と大阪側の文七の対立が生じ、次第に困難な状況になっていきます。そうした中で、高之は資本主義に身を投じるべきか、恋愛を取るべきか苦悩するのです。

私事で恐縮ですが、作者の横光利一は私が大学の卒業論文のテーマに選んだ作家ですので、いささか思い入れがあります。横光は盟友の川端康成とともに、従来の自然主義的なリアリズムに対抗して、文学形式や文体上の変革だけではなく、感覚の斬新さを目指した作家でした。でも、戦後間もなく死去し、その後の川端の活躍もあって、すっかりその陰に隠れてしまいました。『家族会議』は作家自身が提唱した「純文学にして通俗小説」の実践でしたが、そのような文学的理論とは関係なく、株式相場をめぐる人間模様を描いた経済小説としても、今でも古びていない作品だと思います。

よこみつ・りいち【横光利一】

［1898～1947］小説家。福島の生まれ。本名、利一（としかず）。川端康成・片岡鉄兵らと「文芸時代」を創刊し、新感覚派の中心となった。新心理主義に立ち、昭和初期の代表作家として活躍。作「日輪」「上海」「機械」「旅愁」など。

十六夜（いざよい）

「いざよい」は、「いざよいの月」、すなわち陰暦一六日の夜に出る月の略です。特に、陰暦八月一六日の月のことをいいます。満月の翌晩の一六日の月は満月よりもやや遅く出るところから、滞るという意味の動詞「いざよう（ふ）」の名詞形で「いざよい（ひ）」といったのです。その発想が面白いと思いませんか。

江戸前期の俳人松尾芭蕉（一六四四〜九四）に、

「いざよひもまだ更科（さらしな）の郡（こほり）かな」

という俳句があります。（十五夜には姨捨（おばすて）山の月を見ることができたが）、こよい十六夜も、立ち去りかねて同じ更科の郡で月を見ることだ、という意味です。姨捨山は長野県中北部、戸倉町と上山田町（合併し現千曲（ちくま）市）の境にある冠着（かむりき）山の別名で、古来観月の名所として知られていました。芭蕉は元禄元年（一六八八年）八月、門人を伴い、名古屋から木曽路を通り、姨捨山の月見をして江戸に戻ってきました。そのときの旅行記『更科紀行』（一六八八〜八九年）が残されています。

日本人は満ち欠けする月のさまざまな姿を愛で、それにとてもすてきな名前を付けてきました。「十三夜」は、一三日の夜ですが、特に、陰暦九月一三日の夜のことをいいます。この夜の月は、八月十五夜の月に次いで美しいといわれ、「のちの月」とも呼ばれています。また、八月十五夜の月を「芋名月」というのに対して、「豆名月」「栗名月」ともいいます。「十六夜」の次の夜「十七夜」は陰暦八月一七日の月が美しいとされ、「立待ち（の）月」とも呼ばれています。まさに、立ちながら待っているうちに出てくる月という意味です。次の八月一八日の月は「居待ち（の）月」です。少し遅れて出るので、すわって待つところからいうのです。八月一九日の月は月の出るのが遅いので寝て待つということから「寝待ち（の）月」といいます。どれも楽しい呼び名ですね。

五輪選手だった頃の失恋を小説に——田中英光『オリンポスの果実』

田中英光（一九一三〜四九）の小説『オリンポスの果実』（一九四〇年）では、「十六夜」は次のように使われています。

「仄明（ほのあか）るい廊下の端（はず）れに、月光に輝いた、実に真っ蒼（まさお）な海がみえました。と、その間から、ひょいと、あなたの顔が、覗いてひっこんだのです。ぼくは我を忘れ駆けて行ってみました。すると、手摺（てすり）に頬杖（ほおづえ）ついた、あなたが、一人で月を眺（なが）めていました。月は、横浜を発（た）ってから大きくなるばかりで、その夜はちょうど十六夜あたりでしたろうか」（五）

『オリンポスの果実』は、一九三二年のロサンゼルスオリンピックにボート選手として参加した、著者自身の経験をもとに書かれた小説です。「かぐわしい」（P95）でも別の部分を引用しました。主人公の「ぼく」が、オリンピック大会に向かう船中で知り合った女子陸上選手熊本秋子との恋を、一〇年近く経った後に回想的に描いた作品です。

引用文は、どうしたら秋子と友達になれるかとそればかりを考えていた「ぼく」が、初めていろいろとことばを交わすことができた場面の最初の部分です。この小説では、しばしば洋上の月と月明かりが効果的に使われています。今読むと少しばかり古めかしさは否めませんが、戦前の青春小説の代表作であることは間違いありません。

余談ですが、作者の田中英光は太宰治に師事し、太宰が自殺した翌年の一一月に太宰の墓前で自殺しています。

たなか・ひでみつ【田中英光】［1913〜1949］小説家。東京の生まれ。太宰治に師事し、ボート選手としてオリンピックに出場した体験をもとに「オリンポスの果実」を発表。太宰の墓前で自殺。ほかに小説「地下室から」「野狐（やこ）」など。

大魔（おおま）が時（とき）・逢魔（おうま）が時

「おお（う）まがとき」は、暮れ方の薄暗い時刻をいいます。この時刻には不吉なことが起こりやすいという意味のことばです。もともとは「大禍時（おおまがとき）」で、「まが」は禍（わざわい）のこと

です。従って、「おおまが」は「おお」と「まが」に別れるのです。ところが、後に「おおま・が」だと意識されてしまい、「が」は助詞、「ま」は「魔」だと解釈されたものですから、「大魔が時」となり、さらに「魔に逢う」の意識も生じて「逢魔が時」と書かれるようになったのです。そのために、「おうまがとき」ともいうのです。

明かりの乏しかった昔は、次第にあたりが暗くなる暮れ方は、魔物が出てきそうに感じられたのでしょう。また、同じような時間帯を表す「雀色時（すずめいろどき）」という語もあります。あたりがスズメの羽の色のように茶褐色になる時分のことです。

泉鏡花（いずみきょうか）（一八七三～一九三九）の『怪談女の輪』（一九〇〇年）はタイトルの通り怪談ですが、このような文章で始まります。

「枕に就いたのは黄昏（たそがれ）の頃、之（これ）を逢魔が時、雀色時（すずめいろどき）などという一日の内人間の影法師が一番ぼんやりとする時で」

細川ガラシャ最期の数日間をシニカルに描写——芥川龍之介『糸女覚え書』

芥川龍之介（一八九二〜一九二七）は『糸女覚え書』（一九二三年）という小説の中で、「おおまがとき」を「大凶時」と書いています。

「この日の大凶時、霜は御庭前の松の梢へ金色の十字架の天降るさまを夢のやうに眺め候よし、如何なる凶事の前兆にやと悲しげにわたくしへ話し申し候」

『糸女覚え書』は、細川ガラシャ（一五六三〜一六〇〇）の最期を、糸という侍女の目を通して描いた短編です。細川ガラシャの本名は、玉です。明智光秀の娘で、細川忠興の妻となりました。熱心なキリスト教徒で、ガラシャは洗礼名です。一六〇〇年の関ヶ原の戦いのときに夫忠興が徳川方についたため、ガラシャは豊臣方より人質として大坂城に入ることを強要されます。ところが彼女はそれを拒み、石田三成勢に屋敷を囲まれ自刃するのです。

「糸女」はそのガラシャの最期の数日間を、かなりシニカルに描写しています。つまるところ、それは芥川の視線にほかなりません。

たとえば、通常ガラシャは美人として描かれることが多いのですが、「御器量はさのみ御美麗と申すほどにても無之(これなく)、殊(こと)におん鼻はちと高すぎ、雀斑(そばかす)も少々お有りなされ候」とさんざんです。

実は『糸女覚え書』にはもとになった史料があります。引用文中に「霜」とありますが、この「霜」はガラシャの侍女で、ガラシャの死後四七年経ったときに『霜女覚書』として伝わる手記を書いているのです。「霜」はガラシャから忠興宛ての遺言書を託されて難を逃れたのです。そして、この「霜」のことも『糸女覚え書』では、先ほどの引用文に続けて「尤(もっと)も霜は近眼の上、日頃みなみなになぶらるる臆病者に御座候間(ござそうろうあいだ)、明星を十字架とも見違へ候や、覚束(おぼつか)なき限りと存じ候」と、かなり手厳しく描かれています。「覚束ない」は疑わしいという意味です。

シニカルな内容ではありますが、実際の手記をもとに独特の解釈を施し、歴史の一場面を切り取ってみせる手腕は、芥川ならではといえるでしょう。

あくたがわ・りゅうのすけ【芥川竜之介】［1892～1927］小説家。東京の生まれ。第三次・第四次「新思潮」同人。大正

5年（1916）「鼻」で夏目漱石に認められて作家として登場。新技巧派の代表作家とされる。昭和2年（1927）自殺。命日は河童忌という。作「羅生門」「地獄変」「河童」「侏儒（しゅじゅ）の言葉」「歯車」「或阿呆の一生」など。

暮（く）れなずむ

五

「暮れなずむ」は、日が暮れそうでなかなか暮れないでいる様子をいいます。フォークグループ海援隊のヒット曲「贈る言葉」の歌い出しにも使われていますので、ご存じのかたも大勢いらっしゃるでしょう。

「暮れなずむ」がなぜそのような意味になるのかというと、「なずむ」という語のためです。「なずむ」は、人や馬が前へ進もうとしても、ぬかるみなどの障害となるものがあって、なかなか進めないでいるというのがもともとの意味です。漢字で書くと「泥む」「滞む」です。こう書くと意味が理解できる気がしませんか。現在ではほとんど使わなくなりましたが、「船が行きなずむ」などという言い方をしました。江戸時代の笑い話の本『醒（せい）

睡笑』（一六二八年）には、

「食、胸になづんで苦しむには、大根をおろしその汁を飲めば胸くつろぐといふ」

と書かれています。確かに私の母も、胸焼けがするときは大根おろしの汁を飲めばよいと言っていました。大根に多く含まれるジアスターゼは消化を助ける効能があるようです。

ところで、「暮れなずむ」ですが、「暮れなずむ」は暮れそうでいて暮れないという点がポイントだということに注目してください。そのような情景のときですから、この後で引用する『蝦夷地別件』でも「淡い光」がまだ残っているのです。この「暮れなずむ」を、日が暮れてしまうという意味だと誤解して、「公園はすっかり暮れなずんでいた」「空はとうに暮れなずんでいた」といった使用例を見かけることがあります。そのように使ってしまうのは、おそらく「なずむ」の意味がよくわからなくなっているせいなのかもしれません。繰り返しになりますが、「暮れなずむ」は、暮れそうでなかなか暮れないという、そこにさまざまな意味を込めることができそうな語なのです。

江戸時代後期、アイヌ民族最後の蜂起を描く——船戸与一『蝦夷地別件』

「暮れなずむ」は、船戸与一（一九四四〜二〇一五）の長編小説『蝦夷地別件』（一九九五年）で、次のように使われています。

「政信は具足をつけてる四人の徒組の和人にもう一度眼をやった。四人とも刀の柄に手をやってる。何かあればすぐにでも抜刀する気なのだ。暮れなずむ淡い光のなかでも眼がぎらついてるのだけははっきりわかった」（霧の譜・三）

『蝦夷地別件』は、タイトルからもおわかりのように、蝦夷地、すなわちかつての北海道が舞台です。一七八九年（寛政元年）に国後島でアイヌが蜂起した、国後・目梨の戦いを描いた作品です。この戦いは、国後島と目梨のアイヌが、和人による過酷な使役と、さらには、毒殺などの脅迫やアイヌ女性に対する乱暴な行為に対し不満を一気に募らせ蜂起し、和人七〇余人を殺害した事件です。最終的に、アイヌ側は松前藩に対して恭順の態度で臨んだのですが、三七人ものアイヌが処刑されてしまいました。

引用文の「(葛西)政信」は幕府御家人の次男で、家督を継ぐ当てもなく厄介払いをされ、蝦夷地に流れ着いたのです。そしてこの地で、江戸で暮らしたことがあるというアイヌのゴスカルリと出会い、アイヌの反抗を扇動するのです。

『蝦夷地別件』は、ポーランド貴族、アイヌをいたぶる松前藩の役人と商人、和人に取り入ろうとするアイヌ、和人の蛮行に蜂起しようとするアイヌ、そのさまを見届ける二人の和人の僧侶など多くの人物が登場します。これに、蝦夷地を直轄地にしようとする幕府と、権益を死守しようとする松前藩の思惑が絡み合い、アイヌ民族最後の蜂起へと向かうのです。

ふなど・よいち【船戸与一】
［1944～2015］小説家。山口の生まれ。本名、原田建司。抜群の行動力を生かして海外取材を精力的にこなし、質の高い冒険小説を数多く発表した。「虹の谷の五月」で直木賞受賞。他に「山猫の夏」「砂のクロニクル」など。

小春日和（こはるびより）

一九七七年に山口百恵さんが歌ってヒットした、「秋桜（コスモス）」という歌をご存じでしょうか。この歌のさびの部分に、「小春日和」ということばが使われています。皆さんはこの「小春日和」っていつの季節のことだと思っていますか。コスモスの歌で使われているのだから秋、と答えた人は大正解です。

「小春日和」は、冬の初めの春に似て温暖な気候のことをいいます。そしてそれから、陰暦一〇月（新暦だと一一月）の異称ともなったのです。

「小春日和」は「春」の字があるのに、なんで秋のことなんだろうと思ったかたもいるかもしれませんね。「小春」は、春ではないが春に似た温暖な気候ということで、冬の初めのそのような気候のことをいうようになった語です。

兼好（けんこう）法師の『徒然草』（一三三一年頃）にも、

「十月は小春の天気、草も青くなり梅もつぼみぬ」（一五五）

という文章があります。陰暦の一〇月は小春の陽気で、草も青みはじめ、梅もつぼみをもったという意味です。

また、文部省唱歌の『冬景色』には、「げに小春日（こはるび）ののどけしや」という歌詞がありますが、これも曲名からもおわかりのように晩秋から初冬にかけてのことです。

ただ、どうしても「春」という字にだまされてしまうらしく、「小春日和」を別の季節の描写で使ってしまう人がいるようです。正しい季節で使いたいものです。

母が自分の夢を娘に託した家族の崩壊——川端康成『舞姫』

川端康成（かわばたやすなり）（一八九九〜一九七二）は『舞姫』（一九五〇〜五一年）という小説の中で、「小春日和」を次のように使っています。

「三寒四温の温に向いたか、近ごろになく、小春日和になりそうな、朝でもあった」（寝ざめ目ざめ）

これもやはり晩秋のことです。『舞姫』は、かつて舞台のプリマドンナだった自分の夢を娘に託していた矢木波子の家族関係が、次第に崩壊していくさまを描いた作品です。引用したのは、波子の夫で日本文学史家の矢木が京都から北鎌倉の家に帰ってきた翌朝の朝食の場面です。朝食に出された伊勢エビの具足煮（ぐそくに）に矢木が殻をとるのがおっくうだというので、波子が娘の品子に殻をとらせます。そんな、のどかで穏やかな朝でしたが、波子はどんよりと頭の中からけだるくなっていくのを感じるのでした。「小春日和」という語が、寝覚めたばかりの朝の気配と、波子の心に兆したどんよりとした思いとを、対比的に描いた場面で使われています。

また、引用文にある「三寒四温」も、天気予報などでお聞きになったことがあるでしょう。晩秋から初春にかけて、三日間ほど寒い日が続いた後に四日間ほど暖かい日が続き、これを繰り返すことです。もともとは中国東北部や朝鮮半島北部でいわれていた語です。

話が少し脱線しますが、「三寒四温」は、第一次世界大戦後の一九一八年から使用された国定の国語教科書『尋常小学国語読本』所収の「京城の友から」（巻一〇）という文章で使われたため広まったようです。「京城」は、現在の大韓民国の首都ソウルの日本統治時代の旧称です。「京城の友から」は、その京城に三か月前に家族と日本から移ってきた友が、日本に住む友人に書き送った手紙形式の文章です。

かわばた・やすなり【川端康成】
［1899〜1972］小説家。大阪の生まれ。「新思潮」に発表した「招魂祭一景」で認められ、横光利一らとともに「文芸時代」を創刊。新感覚派として出発。日本ペンクラブ会長。文化勲章受章。昭和43年（1968）ノーベル文学賞受賞。のち、ガス自殺。作「伊豆の踊子」「浅草紅団（あさくさくれないだん）」「雪国」「千羽鶴」「山の音」など。

木（こ）洩（も）れ日（び）・木漏（も）れ日

七

「木洩れ日」は、樹木の枝葉の間からもれてくる日射（ひざ）しをいいます。枝葉の隙間から日の光がもれてくるなんてすてきなことばですし、情景も浮かんで来るような語だと思います。

本項では堀辰雄（ほりたつお）（一九〇四〜五三）のエッセー集『大和路・信濃路』（一九四三年）の

中の文章を引用しましたが、私は高校生のときにこのエッセー集を読んでから、足しげく奈良に通うようになりました。千葉県の高校生だった私には、奈良へ行くのはかなり大変（経済的にも）でしたが、当時は東京から出る大垣行きの普通夜行列車という強い味方がありました。

私はこのエッセー集の中で、特に「この春、僕はまえから一種の憧れをもっていた馬酔木の花を大和路のいたるところで見ることができた」という文章で始まる「浄瑠璃寺の春」という小品が大好きで、アシビ（アセビとも）の花が咲く季節に浄瑠璃寺まで行ったこともあります。浄瑠璃寺は九体の阿弥陀如来像が安置されていることから、九体寺、九品寺とも呼ばれています。堀辰雄は妻とこの寺に訪れ、寺の娘らしい、十六七の、ジャケット姿の少女に案内してもらっています。本当に偶然なんですが、私はこの少女の娘さんと東京でお会いしたことがあります。そのときも「浄瑠璃寺の春」を読み返し、しばらく後にはまたお寺も訪ねてしまいました。

さらに私はこのエッセーによって、折口信夫の小説『死者の書』のことを知りました。この小説は「ゆくりなく」（P279）で引用しています。

石仏を魅力的に輝かせる光の絶妙さ――堀辰雄『大和路・信濃路』

堀辰雄の『大和路・信濃路』では、「木洩れ日」は冒頭で使われています。

「その藁屋根の古い寺の、木ぶかい墓地へゆく小径のかたわらに、一体の小さな苔蒸した石仏が、笹むらのなかに何かしおらしい姿で、ちらちらと木洩れ日に光って見えている」（樹下）

『大和路・信濃路』はタイトルからもおわかりのように、信濃（軽井沢）と大和（奈良）をこよなく愛した堀の紀行エッセー集です。文中の木洩れ日に光って見える石仏は、軽井沢で「私」が見つけた「顔も鼻のあたりが欠け、天衣などもすっかり摩滅し、そのうえ苔がほとんど半身を被ってしまっている」石仏です。右手を頬にあてて、頭を傾げている思惟像にも思えるその石仏に「私」は次第に心ひかれていきます。

その後、「私」は大和を旅するようになり、名高い仏像を見て歩くようになるのですが、そのときも信濃で見た石仏のことを思い出しています。それは、斑鳩にある中宮寺の有名な半跏思惟像を見ても変わることはありませんでした。そして、このようなことを述べています。

「あそこは何かの大きな樹の下だったにちがいない。――すこし離れてみなければ、それが何んの樹だかも分からないほどの大きな樹だったのだ。あの頬杖をしている小さな石仏のうえにちらちらしていた木洩れ日も、よほど高いところから好い工合に落ちてきていたので、あんなに私を夢み心地にさせたのだったろう」（樹下）

ほり・たつお【堀辰雄】［1904〜1953］小説家。東京の生まれ。芥川竜之介に師事。フランス文学、特に心理主義的手法の影響を受け、知性と叙情の融合した独自の世界を築いた。作「聖家族」「風立ちぬ」「菜穂子」「美しい村」など。

五月雨（さみだれ）

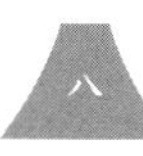

「さみだれ」は、陰暦五月頃に降り続く長雨のことです。ちょうど、つゆ、梅雨（ばいう）の時季の雨です。「五月雨」を「さみだれ」と読むなんてちょっと難読語かもしれませんが、「さ」は「さつき（五月）」の「さ」と同じで、「みだれ」は「水垂」だろうといわれています。「さみだれ」は、少しずつ繰り返し降る雨ですので、断続的に少しずつ行われることにたとえられます。たとえば、作家の三浦綾子（みうらあやこ）（一九二二～九九）のエッセー『孤独のとなり』（一九七九年）に、次のような文章があります。

「十二月も二十日を過ぎて、郵便局から問い合わせがあった。年賀状をいつ配達したらよいかというのである。〈略〉元旦ぐらいは、誰でも休みたいにちがいないと思って、年末配達を指定した。すると、十二月三十日、七百枚程の年賀状が束になって配達された。毎年千枚余り来るから、あとの三百枚はさみだれ式に配達されるのだろう」（ありがたい年賀状）

「さみだれ」といえば、有名な俳句があるのをご存じでしょう。松尾芭蕉（一六四四〜九四）の『奥の細道』（一六九三〜九四年頃）にある、

「五月雨をあつめて早し最上川」

という句です。芭蕉が元禄二年（一六八九年）に、門人の曽良を伴って奥羽加越の歌枕を訪ねた旅の途次、山形県内を貫流し庄内平野で日本海に注ぐ最上川に立ち寄ったときの句です。

「さみだれ」の句は、芭蕉以外にも有名な句があります。やはり江戸時代の俳人、与謝蕪村（一七一六〜八三）の句です。

「さみだれや大河を前に家二軒」（『蕪村句集』〈一七八四年〉夏）

さみだれが降り続き、水量を増して激しく流れる大河の前に、二軒の家がなんだか心細

そうに寄りそうさまが見えるようです。

江戸の風俗や季節感を見事に描写——岡本綺堂『半七捕物帳』

「さみだれ」は、小説の中でも盛んに使われている語です。たとえば、劇作家で小説家だった岡本綺堂（一八七二〜一九三九）の『半七捕物帳』（一九一七〜三六年）にも、

> 「慶応二年の夏は不順の陽気で、綿ぬきという四月にも綿衣をかさねてふるえている始末であったが、六月になってもとかく冷え勝ちで、五月雨の降り残りが此の月にまでこぼれ出して、煙のような細雨が毎日しとしとと降りつづいた。うすら寒い日も毎日つづいた」（「向島の寮」一）

と使われています。『半七捕物帳』は時代小説の一分野である「捕物帳」の先駆となる短編集です。「向島の寮」は、向島にある米問屋三島屋の寮（別宅）で働くことになったお通という娘が、土蔵に祀ってある蛇に三度の食事を与える役目を任されるのですが、やが

て、土蔵には何か謎があると気づき、半七が三島屋の秘密を解き明かすというストーリーです。『半七捕物帳』には、江戸の風俗や季節感も見事に映し出されていて、謎解きだけでなく、さりげない描写にも味わいがあります。引用文は、「向島の寮」の冒頭ですが、初夏の何となくどんよりとした様子が、短い文章にもかかわらず味わい深く描かれています。

おかもと・きどう【岡本綺堂】
［1872〜1939］劇作家・小説家。東京の生まれ。本名、敬二。2世市川左団次と提携、新歌舞伎の劇作家として活躍した。戯曲「修禅寺物語」「鳥辺山心中」、小説「半七捕物帳」など。

星霜（せいそう）

九

「星霜」は、年月、または、一年のことです。「星」は一年に天を一周し、「霜」は毎年降るところからそのような意味になったといわれています。しゃれたことばですね。

この後『三四郎』の例を引用しますが、夏目漱石（一八六七〜一九一六）は『吾輩は猫である』（一九〇五〜〇六年）の中で、大変わかりやすく「星霜」を使っています。

「猫の一年は人間の十年に懸け合うと云ってもよろしい。吾等の寿命は人間より二倍も三倍も短いに係らず、その短日月の間に猫一疋の発達は十分仕るところをもって推論すると、人間の年月と猫の星霜を同じ割合に打算するのははなはだしき誤謬である」（七）

説明は不要ですね。

恋に「ストレイ・シープ」の若者たち——夏目漱石『三四郎』

夏目漱石の『三四郎』（一九〇八年）の中で使われた「星霜」は、次のようなものです。

「ただ与次郎の文章が一句だけはっきり頭にはいった。『自然は宝石を作るに

幾年の星霜を費やしたか。またこの宝石が採掘の運に逢うまでに、幾年の星霜を静かに輝やいていたか』という句である。その他は不得要領に終った。その代りこの時間には stray sheep という字を一つも書かずにすんだ」（六）

『三四郎』は、九州から東京帝国大学に入学するために上京した小川三四郎と、上京後知り合った都会的な女性、里見美禰子との恋愛を軸に、三四郎が大学で出会ったさまざまな人を通して、当時の文明批評を展開した作品です。「与次郎」は三四郎が大学で出会い、親しく付き合うようになった、やや軽薄な青年です。与次郎は自身が「偉大なる暗闇」と名付けた一高の英語教師広田先生の家に寄宿していましたが、三四郎も広田先生から思想や学問の深さを教えられます。引用文中の「自然は宝石を作るに…」という文章は、与次郎が「文芸時評」という雑誌に書いた「偉大なる暗闇」、つまり広田先生に関する論文の一節です。三四郎は授業中にそれを読んでいたのです。「宝石」とは、広田先生のことで、それが輝くのに長い年月がかかったから「偉大なる暗闇」なのです。

また、「stray sheep」はこの小説のキーワードともいえる語です。三四郎と美禰子が仲間と連れだって菊人形を見に出掛けたとき、迷子を見かけるのですが、そのとき美禰子は三四郎にこう言うのでした。

「『迷子の英訳を知っていらしって』三四郎は知るとも、知らぬとも言いえぬほどに、この問を予期していなかった。『教えてあげましょうか』『ええ』『迷える子ストレイ・シープ　――わかって？』」（五）

そして美禰子は、ぬかるみに置かれた足がかりの石が不安定だったために、腰が浮いてのめりそうになり、三四郎の腕の中に倒れ込んでしまいます。そのときも、彼女は「迷える子（ストレイ・シープ）」と言うのでした。以来、三四郎はこのことばにすっかり心が奪われてしまい、「カントの超絶唯心論がバークレーの超絶実在論にどうだ」という講義の間も、ノートに「stray sheep」と書き続けるのです。

三四郎の恋は結局実ることはなかったのですが、彼をめぐる若者たちの姿は明治時代の作品とは思えないほど、みずみずしく描かれています。

なつめ・そうせき【夏目漱石】
［1867～1916］小説家・英文学者。江戸の生まれ。本名、金之助。英国留学

後、教職を辞して朝日新聞の専属作家となった。自然主義に対立し、心理的手法で近代人の孤独やエゴイズムを追求、晩年は「則天去私」の境地を求めた。日本近代文学の代表的作家。小説「吾輩（わがはい）は猫である」「坊っちゃん」「三四郎」「それから」「行人」「こころ」「道草」「明暗」など。

爪先（つまさき）上（あ）がり

「爪先上がり」は、少しずつ登りになっていることや、そのような坂を登っていく様子をいいます。確かに坂道を登ると、爪先が足の前にあるので上がった感じになりますね。いいことばや美しいことばだとはいえないかもしれませんが、私は昔から面白いことばだと思っていました。

そして、「爪先上がり」という語があるのですから、もちろん「爪先下がり」もあります。少しずつ下りになっていることや、そのような坂を下って行く様子をいいます。「さようなら」（P361）で森鷗外（もりおうがい）の『雁（がん）』（一九一一～一三年）を引用していますが、その少し前にこのような文章があります。

> 「暫くして右側が岩崎の屋敷の石垣になって、道が爪先下りになった頃、左側に人立ちのしているのに気が附いた」（一九）

「人立ち」がしていたのは、蛇が小鳥のいる鳥かごに首を突っ込んでいたからです。このあたりには、東京大学付属病院の前から不忍の池の方向に下る無縁坂と呼ばれる坂がありました。シンガー・ソングライターのさだまさしさんの曲「無縁坂」はこの坂のことです。

森鷗外の妹で翻訳家・小説家だった小金井喜美子は『鷗外の思い出』（一九五六年）の中で、無縁坂の「坂の下り口の左側に小店や小家が並んでいる中に、綺麗な家の一軒あるのは妾宅だということでした。化粧した美しい女が、いつも窓から外を眺めているという、学生たちの噂でした」（本郷界隈）と述べています。

幕末の武家を一五歳の娘の目を通して描く——野呂邦暢『諫早菖蒲日記』

「爪先上がり」は、野呂邦暢（一九三七〜八〇）の小説『諫早菖蒲日記』（一九七六年）で、次のように使われています。

「谷はつま先あがりに丘の裏手へつづき、登るほどにせばまってきた。吉爺が立ちどまった。父上も立ちどまって左手の崖、萱のしげみを指さされた。苔むした石垣がのぞいている」（一）

『諫早菖蒲日記』は、作者の野呂自身が生まれ育った長崎の諫早を舞台にした歴史小説です。一九七三年に自衛隊に入隊した青年の日々を描いた『草のつるぎ』で第七〇回芥川賞を受賞した野呂は、長崎から離れることなく執筆を続けました。

『諫早菖蒲日記』は、幕末の諫早藩で砲術指南をしていた武家、藤原家の様子を、その家の娘の志津という一五歳の少女の目を通して描いた作品です。佐賀鍋島藩の支藩だった諫早藩は小藩でしたが、外国船の往来が激しくなったために長崎港の警備に当たらなければならなくなり、藤原家の当主、作平太も心の安まるときがなかったのです。そんな重責を担わされる父親や、苦しい内証をやりくりする母親、そして下男の吉爺、医者の雄斎伯父などの姿が、ときにユーモラスに描かれています。

一家に特別な事件が起きるわけではありませんが、少女の初々しい視線が何ともいえない温かな気持ちにさせてくれる作品です。少女から大人に成長する志津の心の動きも印象的です。会話の部分は諫早弁で書かれ、それもまた、のどかな気分にさせてくれます。タイトルの菖蒲は、志津が大切に育てていた花です。

引用文は、志津、父、伯父、吉爺の四人で、本明川（ほんみょう）という川の上流にある、小さな丘に出掛ける場面です。父親はこの丘が、かつてこのあたりを根城にしていた一族の城跡ではないかと考えていたのです。「苔むした石垣」がその証拠です。

のろ・くにのぶ【野呂邦暢】

［1937～1980］小説家。長崎の生まれ。本姓、納所（のうしょ）。各種の職業を転々としたのち、陸上自衛隊の体験を描いた「草のつるぎ」で芥川賞受賞。他に「鳥たちの河口」「諫早菖蒲日記（いさはやしょうぶにっき）」「落城記」など。

常（とこ）しえ

「とこしえ」は、いつまでも変わらないさま、永久不変であるさまをいいます。「とこ」は永久不変の意の「常」です。

古くから使われている語で、「とこしなえ」ともいいます。萩原朔太郎の詩集『氷島（ひょうとう）』（一九三四年）に収められた「帰郷」という詩に、このような一節があります。

「砂礫（されき）のごとき人生かな！／われ既に勇気おとろへ／暗憺（あんたん）として長（とこし）なへに生きるに倦（う）みたり。」

この「帰郷」という詩には、「昭和四年の冬、妻と離別し、二児を抱（いだ）へて故郷に帰る」という文章が添えられています。この詩の冒頭は、

「わが故郷に帰れる日／汽車は烈風の中を突き行けり。／ひとり車窓に目醒む

れば／汽笛は闇に吠え叫び／火焔は平野を明るくせり。」

というものです。自身の置かれた苦悩を、疾走する汽車に託した詩といえるでしょう。

旧制高校の寮歌が題名の立身出世物語——佐藤紅緑『あゝ玉杯に花うけて』

佐藤紅緑（一八七四〜一九四九）が少年雑誌『少年倶楽部』に連載し、多くの少年に愛読された小説『あゝ玉杯に花うけて』（一九二七年）の中で、「とこしえ」は次のように使われています。

「夕闇がせまる武蔵野のかれあしの中をふたりは帰る。
花さき花はうつろいて、露おき露のひるがごと、／星霜移り人は去り、舵とる舵手はかわるとも、／わが乗る船はとこしえに、理想の自治に進むなり。
日はとっぷりと暮れた、安場ははたと歌をやめてふりかえった。『なあおい青木、一緒に進もうな』『うむ』たがいの顔が見えなかった」（八）

『あゝ玉杯に花うけて』は、幼いときに父親を亡くした主人公の青木千三（チビ公）が、豆腐屋を営む伯父の店の手伝いをしながら、向学心を貫き通し、第一高等学校（一高）に入学するというストーリーです。一高に入学するのはエリートコースだったのです。この小説の題名自体が、一高の寮歌『嗚呼玉杯に花うけて』（一九〇二年）に拠っています。

チビ公の周りには、小学生のときから変わらぬ友情を保ち続ける少年や、チビ公に盛んに嫌がらせをする、父親が町役場の助役で金持ちの家に育った不良少年などがいました。でも、この不良少年とも最後は友人となります。

引用文の「ふたり」とはチビ公と「安場」の二人です。安場はチビ公よりも年上の、私塾黙々塾の出身者で、第一高等学校の生徒です。チビ公は後に黙々塾に入塾します。

この小説は、戦前の立身出世主義が横溢した作品ですが、その中で印象的なのは、黙々塾と浦和中学との野球の試合の場面です。そういえば、「薫陶」（P354）で引用した押川春浪の小説『海底軍艦』にも野球の話が出てきました。当時、野球は少年たちに人気のスポーツだったのでしょう。

佐藤紅緑は昭和になってから、このような少年少女小説を数多く書いています。詩人のサトウ・ハチロー、小説家佐藤愛子はその子どもです。

さとう・こうろく【佐藤紅緑】［1847〜1949］小説家・劇作家・俳人。青森の生まれ。本名、洽六（こうろく）。詩人サトウ・ハチロー、作家佐藤愛子の父。正岡子規に俳句を学び、のち小説に転じた。少年小説「あゝ玉杯に花うけて」など。

撫子（なでしこ）

一二

サッカーの日本女子代表チームは、「なでしこジャパン」という愛称で知られています。この「なでしこ」は、もちろん「大和なでしこ」からきています。「大和なでしこ」はもともとは植物ナデシコの異名ですが、日本女性の清楚（せいそ）な美しさをたたえていう語でもありました。ナデシコの花は、古くから美を表すとされていたのです。『万葉集』にもナデシコを詠んだ歌が二六首収められています。

「大和なでしこ」が日本女性の清楚な美しさをたたえる語として使われるようになった

のは、江戸時代後期からのようです。ヤマトナデシコは、同じナデシコの仲間の中国原産のセキチクをカラナデシコ（唐撫子）と呼ぶのと対照させた名称だと考えられています。それに『万葉集』の歌などにより、ナデシコが女性の美しさを表すものと意識されていたこともあって、日本的な、という意味合いが深まって生まれた語なのかもしれません。

また、ナデシコは秋の七草の一つです。万葉歌人の山上憶良（六六〇〜七三三頃）には、それらを詠み込んだ歌があります。

「萩の花尾花葛花なでしこが花をみなへしまた藤袴朝顔が花」（巻八・一五三八）

山上憶良は、大宰師（大宰府の長官）だった大伴旅人とも親交がありました。この歌の中の「朝顔」は諸説ありますが、キキョウだという説が有力です。キキョウは秋の七草の一つです。

後の妻に贈った恋歌――大伴家持の二首『万葉集』より

ここでは、近代の小説ではなく『万葉集』に収められている、「なでしこ」を詠み込んだ大伴家持（おおとものやかもち）（七一八?～七八五）の歌、二首をご紹介します。一首目は、

「我（わ）がやどに蒔（ま）きしなでしこ　いつしかも花に咲きなむなそへつつ見む」（巻八・一四四八）

という歌です。家持は、新元号「令和」の出典となった九州大宰府での観梅の宴を主催した、同じ万葉歌人、大伴旅人の息子です。この歌は、家持が坂上大嬢（さかのうえのおおいらつめ）という女性に贈った歌です。自分の家に種をまいたナデシコが咲いたら、その花をあなただと思って見よう、という意味の恋歌です。坂上大嬢は家持の従妹で、後に家持の妻となります。

もう一首もやはり坂上大嬢に贈った、すてきな恋歌です。

「なでしこがその花にもが　朝（あさ）な朝（さ）な手に取り持ちて恋ひぬ日なけむ」（巻三・

四〇八）

あなたがナデシコの花であってほしい、そうしたら毎朝手に取って愛(いと)おしまない日はないでしょう、という意味です。

『万葉集』のナデシコの歌は、この家持の歌のように愛しい女性の面影を重ねたものが少なからずあります。このような意識が根底にあって、「大和なでしこ」というイメージが生まれたのかもしれません。

『万葉集』は、日本の現存最古の歌集ですが、その成立の時期ははっきりとはわかっていません。ただ、間違いなく大伴家持が編纂(へんさん)に大きくかかわっていました。

おおとも‐の‐やかもち【大伴家持】
［718ころ～785］奈良時代の歌人。三十六歌仙の一人。旅人の子。中納言。越中守・兵部大輔(ひょうぶのたいふ)など地方・中央の諸官を歴任。万葉集編纂者の一人といわれる。万葉末期の代表的歌人で、歌数も最も多い。

濡（ぬ）れそぼつ

「濡れそぼつ」は、濡れてびしょびしょになるということです。古くは「そぼつ（そほつ）」だけでも、雨や涙などにしっとり濡れるという意味で使われました。「降りそぼつ」＝雨などが降ってびしょ濡れになる、という語もあります。「降りそぼ（ほ）つ」は、平安前期の歌人藤原敏行（ふじわらのとしゆき）に、次のような歌があります。

「明けぬとて帰る道にはこきたれて雨も涙も降りそほちつつ」（『古今和歌集』恋三・六三九）

夜が明けたので（やむなく女の家から）帰る道で、激しくしたたり落ちるように雨も涙も降って、びしょ濡れになって帰ったことだよ、といった意味です。実際の雨と別れの悲しみの涙でびしょ濡れになるという、「そほつ」をうまく使って、ユーモアすら感じさせます。

羽生市の寺で見た墓標の人物をモデルに――田山花袋『田舎教師』

「濡れそぼつ」は、田山花袋（一八七一～一九三〇）の小説『田舎教師』（一九〇九年）では、次のように使われています。

「学校はまだ授業が始まらぬので、門から下駄箱の見える辺には、生徒の傘がぞろぞろと続いた。男生徒も女生徒も多くは包を腰のところに負て尻を搴げて歩いて来る。雨の降る中を濡れそぼちながら、傘を車の輪のように地上に回して来る頑童もあれば、傘の柄を頸のところで押さえて、編棒と毛糸とを動かして歩いて来る十二三の娘もあった。この生徒らを来週からは自分が教えるのだと思って、清三はその前を通った」（四）

『田舎教師』の主人公、林清三は、旧制中学校を卒業するときは文学に将来を懸けようという野望に燃えていました。ところが、家が貧しかったために埼玉県羽生在の弥勒尋常高等小学校の代用教員になるしかありませんでした。そのような境遇にありながら、清三はさまざまな挑戦を続けるのですが、多くの挫折を経験します。『田舎教師』とはすごいタイトルですが、主人公が田舎の代用教員であることから付けられました。

引用文は、来週からいよいよ代用教員として勤める小学校の前を清三が朝通りかかって、登校する生徒たちを見かける場面です。この後、清三は駒下駄では歩きにくかったので途中の家で足駄（あしだ）（＝高下駄）を借りたのですが、水はねが上がって歩きにくいので車で家に帰ります。家には母親がいました。

「『まア、清三かい』と呼んで立って来た。『まア、雨が降ってたいへんだったねえ！』ぬれそぼちた袖やら、はねのあがった袴（はかま）などをすぐ見てとったが、言葉をついで、『あいにくだッたねえ、お前。昨日の工合（ぐあい）では、こんな天気になろうとは思わなかったのに……ずっと歩いて来たのかえ』」（五）

考えすぎかもしれませんが、まだ教員になっていないときから、雨でびっしょり濡れた生徒たちを見かけたというのは、何だか清三のつらい人生を暗示しているように思えてなりません。というのも、『田舎教師』ではよく雨が降っているからです。
やがて、清三は結核に侵され、日露戦争の際の遼陽占領を祝う提灯行列の声を聞きながら、短い生涯を閉じます。この小説には、モデルがいました。作者の田山花袋は羽生市の寺にあるそのモデルの「田舎教師」の墓標を見て、この作品を創作したのです。

たやま・かたい【田山花袋】［1871〜1930］小説家。群馬の生まれ。本名、録弥。「文章世界」の主筆となり、平面描写論を主張、「蒲団」「生」などで自然主義文学の代表作家の一人となった。ほかに「田舎教師」「時は過ぎゆく」「百夜」など。

沛然（はいぜん）

「沛然」は、雨が激しく降る様子を表す語です。「沛」という漢字自体が雨が盛んに降るさまという意味です。「沛然」と表現させる雨は、「豪雨」「驟雨」などがあります。「驟雨」は、急に降り出す雨、にわか雨や夕立をいいます。たとえば、歌人の斎藤茂吉

（一八八二〜一九五三）が高野山に出掛けた折のことを綴った随筆『仏法僧鳥（ぶっぽうそうちょう）』（一九二八年）でも、

「途中で驟雨が沛然として降って来たとき駕籠夫（かごかき）は慌てて駕籠に合羽（かっぱ）をかけたりした」

とまさに二語を一緒に使っています。

『断腸亭日乗（だんちょうていにちじょう）』は、作家永井荷風が一九一七年九月一六日から死の前日の一九五九年四月二九日まで書き続けた日記です。この中で「沛然」を以下のように使っています。「夕刻大雨沛然」（一九一八年七月一二日）、「驟雨沛然たり」（同八月二八日）、「正午頃大雨沛然たり」（一九二一年六月六日）、「薄暮大雨沛然たり」（同九月四日）。私も日記を付けていますので、まねをしたくなります。

「黒い雨」を描写したもう一つの原爆小説──原民喜『夏の花』

「沛然」と降る雨というと、日本人が忘れてはならない雨があります。原民喜（はらたみき）（一九〇五～五一）の短編小説『夏の花』（一九四七年）にも描かれている雨です。

「熱風が頭上を走り、黒煙が川の中ほどまで煽（あお）られて来る。その時、急に頭上の空が暗黒と化したかと思うと、沛然として大粒の雨が落ちて来た。雨はあたりの火照りを稍々（やや）鎮（しず）めてくれたが、暫（しばら）くすると、またからりと晴れた天気にもどった。対岸の火事はまだつづいていた」

何の雨かおわかりでしょうか。一九四五年八月六日の朝、広島に原爆が投下された後に被爆地に降ったという、いわゆる「黒い雨」のことです。『夏の花』は、作者自身が郷里の広島で原爆に遭った体験を小説にまとめたものです。タイトルは、原爆投下の二日前に夏の花を持って亡き妻の墓参に出掛けるところから名付けられたのですが、その花は原爆によって死んだ大勢の人々に手向けた花でもあったと思われます。苦悶（くもん）の声を発しつつ死んでいった人たちの様子を、作者は「新地獄」と書いていますが、抑制の効いた文体で描かれているだけに、悲惨な状況が逆に胸に迫ってきます。

この『夏の花』と、続いて書かれた『廃墟から』（一九四七年）、『壊滅の序曲』（一九四九年）を合わせて、原の原爆小説三部作とされています。

ところで引用文にある、原爆投下の日に沛然として降った大粒の雨ですが、この雨をタイトルにしたのが、井伏鱒二（一八九八～一九九三）の『黒い雨』（一九六五～一九六六年）という小説です。井伏は、作品の中でこの雨を、矢須子という女性の日記を借りて、「万年筆ぐらいな太さの棒のような雨」と描写しています。原爆が爆発した後に降ったこの黒い雨に濡れた人や、雨で汚染された水を飲んだ人は、二次的な被曝となり放射線障害に苦しめられたのです。矢須子もその黒い雨を浴びていました。

小説『黒い雨』は、被爆者で広島の山村に住む閑間重松が、戦後五年ほど経ったときに姪の矢須子に原爆症の症状が出始め、結婚話が破談になったことから、原爆の記録に挑むというストーリーで、『夏の花』同様、原爆小説の代表的な作品です。

はら・たみき【原民喜】
［１９０５～１９５１］詩人・小説家。広島の生まれ。詩・短編小説を「三田文学」に

発表。原爆体験を基にした小説「夏の花」が代表作。

終日（ひねもす）

「ひねもす」というと、江戸時代の俳人、与謝蕪村（一七一六～八三）の句を思い浮かべるかたも多いのではないでしょうか。

「春の海終日のたりのたりかな」

という句です。春の海の穏やかな情景を詠み、波が一日中のどかにゆるやかなうねりを続けているさまを表現しています。「のたりのたり」という擬態語が効いていると思います。

このように「ひねもす」は、朝から夕まで、一日中という意味の語です。面白い言い方ですが、『日本国語大辞典』はこの語の成り立ちを、「『昼はひねもす、夜はよもすがら』

と慣用的に用いられるように『よもすがら』に対応する。『日』に接尾語『ね』が付いた『ひね』に助詞の『も』が付き、さらに接尾語『すがら』が付いた『ひねもすがら』の変化した語と思われる」と説明しています。補足説明をしますと、「すがら」は「ずっと」という意味です。

どんな患者も肝臓病と診断する医者——坂口安吾『肝臓先生』

坂口安吾（さかぐちあんご）（一九〇六〜五五）の短編小説『肝臓先生（かんぞうせんせい）』（一九五〇年）では、「ひねもす」は次のように使われています。

「遠洋へ漁にでると、一ヶ月、マグロなら二ヶ月の余も、海の上で暮すのである。せいぜい四十トンぐらいの船。たった四畳半ぐらいの一室で三十人ぐらいの人々が眠るのである。水のほかには自分たちの食物として米と塩を積むだけで精一パイだ。彼らはただガムシャラに魚を追う。ひねもす、魚を追う。それが彼らの一生だ。彼らの親も、その親も、その又親も、ズッとそうであった」

『肝臓先生』は、第二次世界大戦中に伊豆の伊東で、どんな患者も肝臓病としか診断しなかった町医者と、彼を取り巻く人たちの物語です。終戦の二年後の八月一五日に「私」は知人の彫刻家の招きで伊東温泉の「按針祭」を見に行きます。そこで、彫刻家から肝臓の石像を見せられ、詩を作ってほしいと頼まれるのです。石像は「肝臓先生」こと医師の赤城風雨を記念する石碑でした。肝臓先生は、戦争中に沖の小島から往診を求めてきた娘のために小舟で海に出て、アメリカ軍の艦載機の爆撃で死んでしまったのです。そのとき、舟をこいでいたのが、漁師の烏賊虎と呼ばれる人物でした。烏賊虎は肝臓先生の大変な信奉者だったのです。「私」は烏賊虎と接して、伊東の漁師たちは暖かく親切ですが、みんな無口で、出会っても月並みなあいさつはしない。それは魚に同化しているからではないかと考えるのでした。なぜ魚と同化してしまうのか、「私」が考えた理由が引用文です。漁師たちが無愛想なのは人間を相手にするよりも、魚を相手にしている方が長いからということなのです。

　ところで、「肝臓先生」がどんな患者も肝臓病だと診立てたのは、昭和一二年の末頃から診る患者のほとんど全員の肝臓が、腫れていることに気づいたからでした。それは、脚気（け）の患者でも、頭痛の患者でも同じでした。そこで、「流行性肝臓炎」と名付けその研究に没頭するのです。そんな肝臓病と闘う先生は町のみんなから愛されていました。

坂口安吾は、戯画的な手法の小説や大胆な文明批評で戦後文学の代表者の一人となった作家ですが、『肝臓先生』も短編ながら、ユーモアあふれる内容で、ほろりとさせられる作品です。

さかぐち・あんご【坂口安吾】［1906〜1955］小説家。新潟の生まれ。本名、炳五（へいご）。情痴・荒廃の世界を戯画的な手法で表現し、大胆な文明批評で戦後文学の代表者の一人となった。評論「日本文化私観」「堕落論」、小説「風博士」「白痴」など。

冬（ふゆ）ざれ

「冬ざれ」は、草木が枯れてもの寂しい冬の様子をいう語です。俳句では冬の季語になっています。冬になる、という意味の「冬さる」から転じた語です。「さる（去る）」は今

では遠ざかるという意味ですが、古くは近づくという意味でも使われていました。その季節になる、という意味です。「春され（ざれ）」「秋され（ざれ）」という語もありましたが（なぜか「夏され〈ざれ〉」という語はありません）、荒涼とした感じを表す語としてうってつけだったのでしょう、「冬ざれ」だけが残ったようです。

「冬ざれ」は冬の季語だと書きましたが、江戸時代の俳人与謝蕪村（一七一六〜八三）に、

　「冬ざれや北の家陰の韮を刈る」（『五車反古』）

という句があります。野菜が乏しくなった冬に、家の陰に生えているニラを採るというそれだけの句ですが、生活の哀感が感じられるような気がします。

娘から母になった女性店員への複雑な思い――芥川龍之介『あばばばば』

「冬ざれ」は「冬ざれる」と動詞形で使われることもあります。芥川龍之介（一八九二〜一九二七）の、『あばばばば』（一九二三年）という変なタイトルの短編の中で、「冬ざ

れる」は次のように使われています。

「その内に冬ざれた路の上にも、たまに一日か二日ずつ暖い日かげがさすようになった。けれども女は顔を見せない」

「あばばばば」は、ご想像の通り赤ん坊をあやすときに言うことばです。主人公は保吉という名ですが、芥川自身と思われます。保吉がたばこ屋に行くと、店番をしていたのはいつもの店主ではなく、やっと一九歳くらいの若い女性が勘定台の後ろに座っていました。保吉はこの猫に似た（！）恥ずかしがり屋の女性に心ひかれ、やがて自分の思い通りの反応をしてくれそうなその女性を、悪魔が乗り移ってからかってみたり、天使が来て真面目に対したりするのを楽しむようになります。自分の心を悪魔、天使と表現しているところがしゃれています。

ところが、その女性はしばらく店に姿を見せなくなります。引用文は、その女性が姿を見せなくなったことを描いた場面です。保吉のがっかりした気持ちが伝わってきます。

しばらくしてから保吉がその店に行ってみると、その女性が赤ん坊を抱いて知り合いの女性と話をしていたのです。そして、知り合いが赤ん坊をあやすと、以前は大変な恥ずかしがり屋だった女性も、恥じらいも見せずに人前で「あばばばばば、ばあ！」と赤ん坊をあやしたのです。保吉は娘じみた女性が強い母親となったことを感じます。ただ、保吉の心は、女性の変化に祝福を与えたいと思いつつも、少し複雑ではあったのですが。

梶井基次郎（一九〇一～三二）も「冬ざれる」を印象的な文で使っています。それは「切ない」（P223）でも引用した、『冬の蠅』（一九二八年）という短編小説です。

「冬ざれた渓間の旅館は私のほかに宿泊人のない夜がある」（一）

『冬の蠅』は、療養のために渓間の温泉地で過ごした冬に、部屋の中に棲みついている蠅を観察しながら、自分自身の生を見つめた作品です。「冬ざれた渓間の旅館」という表現に、主人公の「私」が置かれた状況がうかがえます。

かじい・もとじろう【梶井基次郎】
［1901～1932］小説家。大阪の生まれ。胸を病みながらも冷静に自己を凝視し、鋭敏な感覚的表現で珠玉の短編を残した。「檸檬」「城のある町にて」「冬の蠅」など。

夕映（ゆうば）え

一七

「夕映え」は、あたりが薄暗くなった夕方の頃、物の色などがくっきりと美しく見えることや、夕日を受けて美しく映えることをいいます。また、夕焼けのことをいうこともあります。郷愁を誘われるような情景になるからでしょうか、文学作品でもよく使われることばです。

また「夕映え」は、「夕映える」と動詞としても使われます。森敦（もりあつし）（一九一二〜八九）の小説『月山（がっさん）』（一九七四年）には次のような文章があります。

「そうした緑の中に、ひとり淡々（あわあわ）と苔（こけ）色を帯びていたのですが、そのながながとした稜線のあたりが、夕映えたようにほの紅く見えるのです」

「稜線」とは、出羽三山の一つ月山のそれで、その稜線が夕日を受けたように赤く見えたのです。「わたし」は、それが木々の紅葉し始めとは知らず、夕陽のせいだと思っていました。小説『月山』は、「わたし」が月山の麓の寺に居候して、現世と隔絶したような村で冬を越す話です。

悪逆の限りを尽くす若者が出会う仏教——真継伸彦『鮫』

「夕映え」は、真継伸彦（まつぎのぶひこ）（一九三二〜二〇一六）の歴史小説『鮫（さめ）』（一九六三年）では、次のように使われています。

「板小屋の前の薄い陽だまりのなかにへたりこみ、今にも割れそうな頭であてのない行末を想うていると、いつか夕暮れであった。夕映えが、眼の前の小路や背後にならぶ板小屋を赫々（あかあか）と染めだしていた」（第一篇　鮫・二）

『鮫』の舞台は室町時代、応仁の乱で人々が飢え苦しんだときのことです。越前の三国（みくに）湊（みなと）近くの海辺で生まれた「鮫」と呼ばれた若者が主人公です。鮫は、母親が賊に殺害されたのを契機に、貧困から逃れるために京に上ります。ところが、途中で道連れになった女が人肉を喰らう姿を見てしまうのですが、鮫もまた飢えに耐えかね、行き倒れの死骸を見つけるとそれを喰らって京にたどり着きます。京では六角で流民たちに施しをしている願阿弥という僧を頼り、流民たちとともに板小屋での暮らしを始めます。

　引用文は、「夕映え」が板小屋を赤々と染め出す中で、鮫は己の来し方行く末に思いを巡らせる場面です。夕日の色は血の色です。鮫は、京に出てきたとはいえ、逃げ場のない場所に来ただけではなかったかという、死の恐怖におののくのでした。やがて、悪逆の限りを尽くしていた「鮫」の運命は、浄土真宗中興の祖といわれる蓮如の娘見玉尼と出会い、大きく変わっていきます。

　ところで、「面差し」（P295）で引用した堀辰雄の小説『菜穂子』で、登場人物の都築明は、堀辰雄の弟子で詩人の立原道造（一九一四〜三九）の人物像を色濃く反映していると書きました。その立原には「夕映の中に」というソネット（十四行詩）があります。

　「私はいま夕映の中に立つて／あたらしい希望だけを持つて／おまへのまわり
　をめぐつてゐる／不思議な　とほい人生よ　おまへの……」

と始まる詩で、後半には「心にもなく化粧する夕映に飾られて」というとても美しい詩句があります。立原は結核性肋膜炎のため二四歳で夭折したため、この詩は死後、堀辰雄によって刊行された『優しき歌』（一九四七年）に収録されました。

まつぎ・のぶひこ【真継伸彦】
［１９３２〜２０１６］小説家。京都市の生まれ。仏教に傾倒し、信仰や政治にかかわる作品を多く書いた。昭和38年（１９６３）「鮫」で文芸賞を受賞。他に「鮫」の連作「無明」「わが薄明の時」「青空」など。

たちはら・みちぞう【立原道造】
［１９１４〜１９３９］詩人。東京の生まれ。堀辰雄・室生犀星に師事。リルケを好み、「四季」の同人として音楽的な叙情詩を発表した。詩集「萱草に寄す」「暁と夕の詩」など。

第二章

美の表現

〈一八〜二九〉

清（さや）か

＝はっきりとしているさま、明るく清らかであるさま

「かの橋の上には村のもの四五人集まっていて、欄に倚って何事をか語り何事をか笑い、何事をか歌っていた。その中に一人の老翁が雑っていて、しきりに若い者の話や歌をまぜっかえしていた。月はさやかに照り、これらの光景を朦朧たる楕円形のうちに描き出して、田園詩の一節のように浮かべている」

——国木田独歩『武蔵野』より

あえか

「あえか」は、平安時代の『源氏物語』など、古典文学でよく使われていたことばです。たとえば『源氏物語』にはこのような一節があります。

「年齢（とし）は幾（いく）つにかものしたまひし。あやしく世の人に似ず、あえかに見えたまひしも、かく長かるまじくなりけり」（夕顔）

『源氏物語』の主人公の光源氏が、急死した夕顔の素性を、夕顔の侍女だった右近に、「（夕顔の）年はいくつでいらっしゃったのですか。不思議に普通の人とは違い、か弱くお見えになったのも、こうして長生きはできなかったからなのですね」と尋ねている場面です。夕顔は初め、光源氏の親友でライバルでもあった頭中将（とうのちゅうじょう）に愛され、玉鬘（たまかずら）をもうけますが、本妻側の脅しによって行方を隠してしまいます。そして、隠れた先で源氏に見いだされたものの、共に宿ったときに物の怪（け）に襲われて死んでしまうのです。源氏は夕顔のことを、何も知りませんでした。

「あえか」はこのように、古くは、容姿や気持ちなどが弱々しいさま、か弱くなよなよとしたさまをいい、普通は若い女性に対して用いられました。ところが中世以降には、「あえか」はすでに古語だと意識され、あまり使われなくなってしまったのです。

近代になってこの語を再発見したのは、歌人の与謝野晶子（よさのあきこ）（一八七八～一九四二）たちでした。明治三〇年代に、本来の意味を少し変えて、短歌などで、自然の景物や夢、希望などのはかなげで美しいさまに対して使い始め、やがてそれが広まっていきます。

与謝野晶子は、たとえば『晶子新集』（一九一七年）という歌集に収録した短歌で、「あえか」を、

「冬枯（ふゆがれ）の木立あえかになまめかし後（うしろ）に朝の歩み寄る時」

と使っています。冬になって葉が枯れる木立が朝の光に照らされる美しさを詠んだ歌です。

どの曲を思い浮かべ書いた詩か――宮沢賢治『春と修羅』

宮沢賢治（一八九六〜一九三三）も、この「あえか」を詩の中で使った一人です。それは、唯一生前に刊行された詩集『春と修羅』（一九二四年）の最後に収められた詩、「冬と銀河ステーション」にあります。

> 「ああ　Josef Pasternack の指揮する／この冬の銀河軽便鉄道は／幾重のあえかな氷をくぐり／（でんしんばしらの赤い碍子と松の森）／にせものの金のメタルをぶらさげて／茶いろの瞳をりんと張り／つめたく青らむ天椀の下／うららかな雪の台地を急ぐもの／（窓のガラスの氷の羊歯は／だんだん白い湯気にかはる）」

という一節です。Josef Pasternack（ジョセフ・パスターナック）は、賢治がレコード（SP盤）を愛聴していたポーランド出身の指揮者です。詩題の「銀河ステーション」や詩の中の「銀河軽便鉄道」は、『銀河鉄道の夜』を連想させます。賢治は何の曲を思い浮かべながらこの詩を書いたのでしょうか。ここでの「あえか」も、はかなげで美しいさまという意味で使われています。「あえかな氷」、なんてすてきな表現でしょう。ところでこの詩の中では「氷」が三回使われているのですが、最初の「氷」に賢治は「ザエ」と振り仮名をつけています。「ザエ」は方言で、川などを流れる氷のことをいいます。ただ、引用文中の振り仮名のない「氷」を賢治が何と読ませようとしていたのかはわかりません。

みやざわ・けんじ【宮沢賢治】［1896〜1933］詩人・童話作家。岩手の生まれ。法華経に傾倒し、農学校教師・農業技師として農民生活の向上に尽くすかたわら、東北地方の自然と生活を題材に、詩や童話を書いた。詩集「春と修羅」、童話「風の又三郎」「銀河鉄道の夜」など。

綾取（あやど）る

一九

「あや」は、水面の波紋や、織物の紋様などの入り組んだ線の模様、特に斜めの線が交錯して作る模様のことをいいます。それが美しいことから、美しい紋様のことをいったり、ことばの技巧が見事であることをいったりするようになりました。そして「あやどる」で、模様や文章などを美しく飾る、あるいは文章に限らず、美しくいろどることをいいます。

「あや」は「文」とも書きます。織物の模様のことを「文目（あやめ）」というのですが、「文目」は物事の論理的な筋道、あるいは物事を順序立てて考えること、つまり分別といった意味でも使われます。

「郭公（ほととぎす）鳴くや五月（さつき）のあやめぐさあやめも知らぬ恋もするかな」（恋一・四六九）

『古今和歌集（こきんわかしゅう）』所収の読み人知らずのこの和歌は、聞いたことがあるというかたも多いでしょう。ホトトギスが鳴く五月の節句に飾られるアヤメグサではないが、あやめもわからない（物事の筋道がわからない）無我夢中の恋をしているのだなあ、というすてきな恋歌です。

木曽路と箱根、伊豆の紀行文――正岡子規『かけはしの記』『旅の旅の旅』

俳人の正岡子規（一八六七〜一九〇二）に、一八八一年六月に木曽路を辿った折のことを書いた『かけはしの記』という短い紀行文があります。「かけはし」というのは山の崖の中腹に棚のように張り出してつくった道のことです。かつての木曽路は、かけはしが続くような難所だったのです。

子規はこの木曽路の、日本海に注ぐ信濃川水系の奈良井川と、太平洋へ注ぐ木曽川の分水界をなす鳥居峠を越えて藪原宿に下り、さらに木曽川に沿って下っていきました。その途中で見た景色を次のように描写しています。

「白雲をあやどる山脈はいよいよ迫りてかぶせかからん勢ひ恐ろしく奥山の雪を解かして清らかなる水は谷を縫ふて其響凄し」

山にかかる白雲のさまを「白雲をあやどる」と表現しているのですが、子規ならではの凝った表現だと思います。どこかで使ってみたくなります。

また「あやどる」は、たすきなどを十文字に結ぶこともいいます。輪にした糸を両手首や指先にかけて、橋、琴、鼓、川などの形を作る遊戯を「あやとり（綾取り）」といいますが、この「あや」は、二本の糸の交差を取り上げることからそのようにいうという説もあります。

やはり正岡子規に、一八九二年の秋に箱根と伊豆を訪れたときのことを書いた、『旅の旅の旅』という短い紀行文があるのですが、その中に、

「若人はたすきりりしくあやどりて踊り屋台を引けば上にはまだうら若き里のをとめの舞ひつ踊りつ扇などひらめかす手の黒きは日頃田草を取り稲を刈るわざの名残（なごり）にやといとほしく覚ゆ」

という文章があります。たまたま見かけた村祭りで、たすきを十文字にりりしく掛けた若者が引く屋台を見ると、上で踊る乙女たちの手は黒ずんでいる。日頃の農作業の名残なのだろう、いとおしく思える、といっているのです。旅人である子規の、村の若者たちへのあたたかな視線が感じられる文章です。

嫣然（えんぜん）

「嫣然」は、にっこりと笑うさまをいいます。「嫣」という漢字自体がにっこり笑うさまという意味です。「然」はそのような様子であるということです。「嫣然」は、多く、美しい女性についていうことばです。

なお、「嫣然」は「艶然」と書くこともあります。「艶」は、華やかで潤いがある、なまめかしいという意味です。

また、同音語に「婉然」もあるのですが、これはしとやかで美しいさまという意味で

まさおか・しき【正岡子規】［1867～1902］俳人・歌人。愛媛の生まれ。本名、常規（つねのり）。別号、獺祭書屋主人（だっさいしょおく）・竹の里人。俳句革新に着手し、俳誌「ホトトギス」により活動。また、「歌よみに与ふる書」で和歌改革を主張。写生文も提唱した。門下に高浜虚子・伊藤左千夫などを輩出。句集「寒山落木」、歌集「竹の里歌」、俳論「俳諧大要」など。

す。「十六夜」（P29）で紹介した、田中英光（たなかひでみつ）（一九一三〜四九）の『オリンポスの果実』（一九四〇年）の中に、

「そこでぼくは彼女達に婉然と頼まれると、唯々諾々としてひき受け、その夜は首をひねって、彼女の桃色のノオトに書きも書いたり」（二四）

と使われています。「ぼく」はオリンピックが開催されるロサンゼルスに向かう船の中で、同行した女子選手たちにたまたま書いた短歌がうまいとほめられ、さらに書いてくれと「婉然」と頼まれたため、素直にいうことを聞くのです。気持ちはよくわかります。

血気にはやる剣豪を諭す遊女——吉川英治『宮本武蔵』

「嫣然」は、吉川英治（一八九二〜一九六二）の長編時代小説『宮本武蔵』で、次のように使われています。

「金屏銀燭のまえに、桃山刺繍のうちかけを着、玉虫色のくちびるを嫣然と誇示している時の吉野太夫よりも、この煤んだ百姓家の壁と炉のそばで、あっさりと浅黄木綿を着ている彼女のほうが、百倍も美しく見えたのであった」（風の巻・牡丹を焚く・一）

小説『宮本武蔵』は一九三五年八月～三九年七月に、東京・大阪の「朝日新聞」に連載されました。武蔵と呼ばれた後の剣豪宮本武蔵が幼なじみと関ヶ原の戦いに足軽として参加して敗走し、沢庵和尚のもとで悟りを開き、剣の求道者として成長を遂げる姿を描いた作品です。幼なじみのお通との恋、吉岡清十郎や佐々木小次郎との対決など、剣禅一如の境地を求めた武蔵の求道精神は当時の人々の共感を得ました。

引用文は、武蔵が本阿弥光悦（江戸初期の芸術家）に連れられ、京都六条の遊廓の遊女吉野太夫と会う場面です。その直前に武蔵は、光悦らには気づかれずに京都吉岡道場の吉岡伝七郎と蓮華王院（三十三間堂）で決闘し、伝七郎を討ち果たすのですが、吉野太夫に袖に付いた血痕を見られてしまいます。

吉野太夫はその晩武蔵を自室に泊めます。そのとき太夫は、針鼠のように戦気でふくらんでいる武蔵に、死相が満ちていて大勢のものと戦う兵法者としてそのようなことでいいのかと言うのです。さらに、鉈で琵琶の胴を縦に裂いて中を見せ、琵琶の胴の横木の弛みと緊まりとが、程よく加減されてさまざまな音を生み出す。人間もそれと同じではないか。張り締まっているだけで緩みがないのは危ういと気づかせるのでした。小説『宮本武蔵』の、印象に残る場面の一つです。

余談ですが、内田吐夢監督の『宮本武蔵』五部作の第四部、「一乗寺の決斗」（一九六四年）でも、主演の中村錦之助（萬屋錦之介）演じる宮本武蔵と岩崎加根子演じる吉野太夫によってこの場面が忠実に描かれています。

よしかわ・えいじ【吉川英治】［1892～1962］小説家。神奈川の生まれ。本名、英次。「鳴門秘帖」「神州天馬侠」で流行作家となり、「宮本武蔵」によって大衆文学に新しい分野を開拓。以後も「新平家物語」「私本太平記」などを発表。文化勲章受章。

芳(かぐわ)しい・香(かぐわ)しい・馨(かぐわ)しい

「かぐわしい」は、香りが高い、匂いがよいという意味で使われる語です。そしてさらには、心ひかれる、美しいという意味もあり、いずれの意味もかなり古くから使われていました。たとえば日本最古の歌集『万葉集』の中にも、心ひかれるの意味で使われた、こんなすてきな歌が収録されています。それは、『万葉集』の編纂(へんさん)者の一人といわれる大伴(おおともの)家持(やかもち)（七一八頃～七八五）の歌です。

「見まく欲(ほ)り思ひしなへに蘰(かづら)かげかぐはし君を相見つるかも」（巻一八・四一二〇）

会いたいと思っていたらちょうどそのときに、髪飾りをかけて美しいあなたとお会いしました、という意味です。さりげない歌ですが、恋歌のようでもあります。

匂いだけでなく心ひかれる思いも表現——宮沢賢治『双子の星』、永井荷風『日和下駄』、田中英光『オリンポスの果実』

「かぐわしい」を上品な香りの意味で使った例として、宮沢賢治（一八九六～一九三三）の初期の童話『双子の星』があります。

「二人は大烏を急いで流れへ連れて行きました。そして奇麗に傷口を洗ってやって、その上、傷口へ二三度香しい息を吹きかけてやって云いました」（一）

けんかをしてけがをした烏（からす座）と蠍（さそり座）を、双子の星（ふたご座）の二人の童子が治療するという場面です。

また、「かぐわしい」は音変化して「かんばしい」ともいいます。たとえば、「幾ばく」（P131）で引用した永井荷風（一八七九～一九五九）の随筆『日和下駄』（一九一四～一五

年）に、

「巴里にも倫敦にもあんな大きな、そしてあのやうに香しい蓮の花の咲く池は見られまい」（第六　水　附　渡船）

とあります。

また、「かぐわしい」を心がひかれる、好ましく思うという意味で使った例もあります。田中英光（一九一三〜四九）の小説『オリンポスの果実』（一九四〇年）は「十六夜」（P29）でも引用しましたが、その少し後にこのような文章があります。

「あなたとの最初の邂逅が、こんなにも、海を、月を、夜を、香わしくさせたとしか思われません。ぼくは胸を膨らませ、あなたを見つめました」（五）

一九三二年のロサンゼルスオリンピックにボート選手として参加した、「ぼく」は、オリンピック大会に向かう船中で知り合った女子陸上選手の熊本秋子に一目惚れしてしまいます。秋子と何とかして話がしたい、知り合いたいと思っていた「ぼく」は、ある晩、「十六夜」で引用したまさにその場面なのですが、手すりにもたれかかって月を見つめている秋子の姿を見かけるのです。海、月、夜をこれほどまでに「香しく」感じさせた秋子は、「薄紫の浴衣に、黄色い三尺帯を締め、髪を左右に編んでお下げにしていました。化粧をしていない、小麦色の肌が、ぼくにしっとりとした、落着きを与えてくれます」という様子だったのです。この小説の中で、最も印象に残る場面の一つだと思います。そしてこのとき「ぼく」は、初めて秋子と少しだけ会話を交わすことができたのです。

ながい・かふう【永井荷風】

［1879〜1959］小説家。東京の生まれ。本名、壮吉。広津柳浪に師事、ゾラの影響を受けて「地獄の花」を発表。アメリカ・フランス遊学後、「あめりか物語」「ふらんす物語」や「すみだ川」などを執筆、耽美派の中心的存在となる。のち、「腕くらべ」などで花柳界の風俗を描いた。文化勲章受章。他に「濹東綺譚」「つゆのあとさき」、訳詩集「珊瑚集」、日記「断腸亭日乗」など。

たなか・ひでみつ【田中英光】

［1913〜1949］小説家。東京の生まれ。太宰治に師事し、ボート選手としてオリンピックに出場した体験をもとに「オリンポスの果実」を発表。太宰の墓前で自殺。ほかに小説「地下室から」「野狐（やこ）」など。

寿（ことほ）ぐ

「ことほぐ」は、ことばで祝福する、喜びを言う、祝いのことばを述べるという意味です。「ほく（ほぐ）」は、よい結果が得られるように祝福のことばを唱えるという意味で、「言（こと）祝（ほ）く」、つまり祝福の気持ちをことばで表すことから生まれた語なので、「言祝ぐ」とも書きます。

また「ことほぐ」は、日本の言霊（ことだま）思想を反映した語だといわれています。言霊とは、ことばにあるとされていた霊力のことで、ことばには発せられたことばの内容どおりの状態を実現する力があるというものです。古くから使われている語で、『古事記』などにも使用例が見られますし、神社で神主が神を祀（まつ）り神に祈るとき唱える「祝詞（のりと）」にも使われています。「祝詞」は古くから作られてきて、九〇五年に編纂（へんさん）を開始し九二七年に完成した古代法典『延喜式（えんぎしき）』の巻八には二七編の「祝詞」が収められています。『日本国語大辞典』では『延喜式』の以下のような例を引用しています。

「汝屋船の命に天つ奇し護言をもちて言寿鎮め白さく」（祝詞・大殿祭〈九条家本訓〉）

『延喜式』の九条家本と呼ばれる本に拠るもので、「言寿」と書いて「コトホキ」と読むことがわかります。「屋船の命」は神の名です。

現代語としての「ことほぐ」も、お祝い事で使われるのが一般的です。ただし、単なるお祝いというよりも、日本古来の精神的伝統にぴったり合ったお祝い事に使われることが多いようです。そのため、「新年を寿ぐ」「喜寿を寿ぐ」「婚礼を寿ぐ」「創立百周年を寿ぐ」のように、新年、結婚、長寿、事業の継続や達成などでは使えますが、受験の合格、卒業、選挙の当選祝いといった、あまり伝統的とはいえないお祝い事には使用を避けた方がよいとされています。

病床でも新年や節句を祝う——正岡子規『墨汁一滴』

俳人の正岡子規（一八六七～一九〇二）のエッセー『墨汁一滴』（一九〇一年）で、「ことほぐ」は次のように使われています。

「病める枕辺に巻紙状袋など入れたる箱あり、その上に寒暖計を置けり。その寒暖計に小き輪飾をくくりつけたるは病中いささか新年をことほぐの心ながら歯朶の枝の左右にひろごりたるさまもいとめでたし」（一月一六日）

これも「新年」を祝うという行為についての使用例です。「輪飾り」は、藁を輪の形に編んで、その下に数本の藁を垂れ下げた正月の飾り物のことです。シダとユズリハを添えるので、子規はその広がっているさまもおめでたいといっているのです。「病める枕辺」とあることから、病床で書かれたことがわかります。子規は脊椎カリエスに罹っていて、この翌年に亡くなりました。

『墨汁一滴』には、短歌や俳句も多数収録されています。このような短歌があります。

「ことほぎて贈る五日のかしはもち食ふもくはずも君がまにまに」（五月七日）

お祝いとして贈った柏餅だが、食べるかどうかは君次第、という何だか軽やかな感じがいいですね。

清（さや）か　二三

「さやか」は、はっきりとしているさま、明るく清らかであるさまをいいます。古くは、音声が高く澄んでいるさまや爽やかなさま、爽快なさまなどの意でも使われました。漢字で「清か」と書きますが、意外と難読語かもしれません。

秋が近づくと、以下の和歌を耳にしたことはありませんか。

「秋来（き）ぬと目にはさやかに見えねども風の音にぞおどろかれぬる」（『古今和歌集』巻四・一六九）

平安時代前期の歌人藤原敏行（?～九〇一）の作で、『古今和歌集』（九〇五～九一四年）秋歌の巻頭に収められています。秋が来たと目にははっきりと見えないけれど、風の音に秋の訪れをはっと気づいたことだという意味です。「さやか」はこの歌以前から使われていましたが、今でも多くの人が響きのきれいなことばだと感じるのではないでしょうか。女性の名前になっているのもうなずけます。

足の向くままの散策で出会う美しい景観――国木田独歩『武蔵野』

明治時代に活躍した、詩人で小説家だった国木田独歩（一八七一～一九〇八）の代表作に『武蔵野』（一八九八年）という短編小説があります。その中で「さやか」は、

「かの橋の上には村のもの四五人集まっていて、欄に倚って何事をか語り何事をか笑い、何事をか歌っていた。その中に一人の老翁が雑っていて、しきりに若い者の話や歌をまぜっかえしていた。月はさやかに照り、これらの光景を朦朧たる楕円形のうちに描き出して、田園詩の一節のように浮かべている」（八）

と使われています。ここに描かれているのは、「自分」が、「神田上水の上流の橋の一つを、夜の八時ごろ通りかかった」とき目撃した村人たちの姿です。『武蔵野』は、東京都と埼玉県南部にまたがる武蔵野と呼ばれる地域で自ら見聞したことや景観を、日記や感想を交えて描写した作品です。

私の勝手な想像なのですが、独歩は「月がさやか」に照っている情景がお気に入りだったのかもしれません。というのも、他の作品の中でも、「月はさやかに照て(てり)」(『二少女』下)、「秋の月のさやかに照るを」(『恋を恋する人』二)、「月影さやかなる夜であった」(『少年の悲哀』)、「月はさやかに照りて」(『おとずれ』下)、「少女(おとめ)は月さやかに顔を照らすが面恥(おもは)ゆく」(『わかれ』)、「二人の姿は月影のさやかなる中に現われました」(『夜の赤坂』)という使用例があるからです。確かに、「月」「月影」と「さやか」は相性がいいのかもしれません。

ところで、独歩は『武蔵野』の中で、次のようなことをいっています。

「武蔵野に散歩する人は、道に迷うことを苦にしてはならない。どの路でも足の向く方へゆけば必ずそこに見るべく、聞くべく、感ずべき獲物がある。武蔵野の美はただその縦横に通ずる数千条の路を当もなく歩くことによって始めて獲（え）られる」（五）

これは武蔵野の散歩に限らず、散歩、散策の基本的な姿勢ではないかと思います。

くにきだ・どっぽ【国木田独歩】［1871〜1908］詩人・小説家。千葉の生まれ。本名、哲夫。新体詩から小説に転じ、自然主義文学の先駆となる。代表作「武蔵野」「源叔父」「牛肉と馬鈴薯」「運命論者」など。

瀟洒（しょうしゃ）

二四

「瀟洒」は、爽やかなさまやさっぱりとしてきれいなさま、垢（あか）抜けているさまなどを表す語です。「瀟」は、水が澄んで深いさまを、「洒」はさっぱりしていてわだかまりのないさまを意味する漢字です。

多くの作家が書いた「瀟洒」の使用例を見ると、この後に引用する徳田秋声のものもそうですが、建造物、衣服などと結びついているものがほとんどです。でもその中にあって、私の乏しい想像力ではどういうものなのか、どうしてもよくわからない例があります。三島由紀夫の『仮面の告白』（一九四九年）の

「ある日、間の抜けた高射砲の砲撃を縫って、瀟洒な飛行機が夏空から伝単を降らした。降伏申入のニュースであった」（三）

というものです。「伝単」は中国で宣伝ビラのことをいうのですが、それを撒く飛行機が「瀟洒」というのはどういうものだったのでしょうか。戦闘機だと思われてはいけませんから、特殊な塗装が施された飛行機だったのでしょうか。戦闘機のように無骨ではないという意味なのでしょうか。それが、垢抜けて見えるということなのでしょうか。作家が「瀟洒」と書いたのだからそのように感じたのであって、そんなことといちいち気にしても意味がない。そう言われればその通りなのですが、私には、三島が「瀟洒」に別の意味を

持たせているように思えてならないのです。作品のテーマとはまったく関係のないことですが。

自身と妻との煮え切らない生活を描いた私小説――徳田秋声『黴』

「瀟洒」は、徳田秋声（一八七二～一九四三）の小説『黴（かび）』（一九一一年）では、次のように使われています。

「客が帰ってしまうと、瀟洒な浴衣に薄鼠（うすねず）の兵児帯（へこおび）をぐるぐる捲（ま）きにして主が降りて来たが、何となく顔が冴え冴（さざ）えしていた。昔の作者を思わせるようなこの人の扮装（なり）の好みや部屋の装飾（つくり）は、周囲の空気と懸離れたその心持に相応したものであった。笹村はここへ来るたびに、お門違いの世界へでも踏み込むような気がしていた」（三〇）

「かび」なんてすごいタイトルですが、自身と妻のことを書いた私小説風の作品です。

引用文にある「笹村」が主人公で、笹村は賄いの老婆の娘お銀と関係を持ち、別れようと思うのですが、ずるずると結婚してしまうのです。そんな煮え切らない生活を、「黴」のようだということから付けたタイトルだといわれています。

引用文の中で、笹村の前に「瀟洒な浴衣」姿で現れる「主」は、笹村の作家仲間でI氏と呼ばれています。『黴』は私小説に近いので、登場人物はそれぞれモデルがいそうです。このI氏とO氏は盛んに登場するので、徳田秋声の身近にいた作家なのでしょう。作品の中にM先生と呼ばれている人物が出てきますが、これは秋声の師だった尾崎紅葉（おざきこうよう）のことのようです。紅葉の門下には他に、泉鏡花（いずみきょうか）、小栗風葉（おぐりふうよう）などがいました。

ところで、『黴』の中に、「小瀟洒した住家」（四三）と書いて、これに「こざっぱり」という振り仮名を付けているものがあります。ただ、最近の本では、この「小瀟洒」は、「こざっぱり」と全体を仮名書きに直してしまって、せっかくの漢字表記がわからなくなっているものもあります。こういう面白い表記はぜひ残しておいてもらいたいものです。私が辞書編集者だからそう思うのかもしれませんが。

とくだ・しゅうせい【徳田秋声】［1872～1943］小説家。金沢の生まれ。本名、末雄。尾崎紅葉の門に入る。

自然主義文学の代表的作家として活躍、大正中期以後は心境小説に秀作を残した。作「黴」「あらくれ」「仮装人物」「縮図」など。

目映（まばゆ）い・眩（まばゆ）い

「まばゆい」は、「ま（目）はゆ（映）し」から生まれた語で、光が激しく目を射して、まともに見られないさまをいいます。これから、まともに見られないほどまぶしくて美しい、恥ずかしくて正視できない、気が引けるという意味になりました。

まぶしいというもともとの意味では、芥川龍之介（あくたがわりゅうのすけ）（一八九二〜一九二七）の『鼻（はな）』（一九一六年）という短編小説で、次のように使われています。

「翌朝、内供（ないぐ）がいつものように早く眼をさまして見ると、寺内の銀杏（いちょう）や橡（とち）が、一晩の中に葉を落したので、庭は黄金（きん）を敷いたように明るい。塔の屋根には霜が下りているせいであろう。まだうすい朝日に、九輪（くりん）がまばゆく光っている。

禅智内供は、蔀を上げた縁に立って、深く息をすいこんだ。ほとんど、忘れようとしていたある感覚が、再び内供に帰って来たのはこの時である」

『鼻』は『今昔物語』『宇治拾遺物語』に基づいた作品です。巨大な鼻の持主の禅智内供は、その鼻のために人に笑われ、自尊心が大いに傷つけられていました。そこで、医者から鼻を短くする方法を教えられ鼻を短くしたのですが、今度は逆に、前よりも激しく人から中傷されるように感じるのでした。そしてある晩、鼻がむずがゆく感じられた翌朝に目が覚めると、鼻は元に戻っていたのです。引用文は、まさにその朝目覚めたときに内供の目に映った、あたりの情景です。長い鼻は元の姿に戻ってしまいましたが、明るい外の景色が、内供の晴れ晴れとした気分を表しています。

「自分の美貌なら」と裏切りが芽生える——尾崎紅葉『金色夜叉』

まぶしいばかりに美しいという意味の「まばゆい」は、「名残り」（P240）でも引用した尾崎紅葉（一八六八〜一九〇三）の小説『金色夜叉』（一八九七〜一九〇二年）で、次のように使われています。

「四辺(あたり)に往来(ゆきき)のあるにあらねば、二人の姿は忽(たちま)ち彼の目に入りぬ。一人は畔柳(くろやなぎ)の娘なりとは疾(と)く知られけれど、顔打背(かおうちそむ)けたる貴婦人の眩く着飾りたるは、子爵家の客なるべしとわずかに察せらるるのみ」（中編・四・三）

主人公の間貫一(はざまかんいち)と、富に目がくらんで貫一を裏切り資産家と結婚した宮(みや)とが、子爵家の庭で偶然すれ違う場面です。「彼」というのは貫一で、まばゆく着飾った「貴婦人」とは宮のことです。このとき貫一は高利貸である鰐淵(わにぶち)の手代の身でした。二人は互いに相手に気づいて、ともに激しく心を乱されます。

『金色夜叉』には、恥ずかしいという意味で使われている「まばゆい」もあります。

「宮はおのれの顔の頻(しきり)に眺めらるるを眩(まば)ゆがりて、『何をそんなに視(み)るの、可(い)厭(や)、私は』」（前編・五）

両親を早くに亡くし孤児となった貫一は、宮の実家である鴫沢(しぎさわ)家に寄寓(きぐう)していました。貫一と宮は結婚を約束した仲でしたが、宮の心の中には、自分の美貌をもってすれば貫一と結婚をして実家を継ぐのではなく、玉の輿(こし)に乗れるのではないかという、よこしまな思いが芽生えてくるのです。そんな宮の変化を貫一は何となく感じ取り、宮の顔をじっと見つめたので、宮は「眩ゆが」ったのです。

おざき・こうよう【尾崎紅葉】［1868〜1903］小説家。東京の生まれ。本名、徳太郎。別号、十千万堂(とちまんどう)など。山田美妙らと硯友社を興し、「我楽多文庫(がらくたぶんこ)」を発刊。泉鏡花・徳田秋声など多くの門人を世に送り出した。作「三人妻」「多情多恨」「金色夜叉」など。

瑞々（みずみず）しい

「みずみずしい」は、新鮮で生気がある、つややかで若々しく美しいといった意味です。通常は「瑞々しい」と書き、後ほど引用する岡本(おかもと)かの子の『母子叙情(ぼしじょじょう)』でもそのように表

記しています。ただ、「みず」は「水」かもしれないと考える人もいて、「水々しい」と書かれることもあります。たとえば夏目漱石（一八六七〜一九一六）は、随筆集『硝子戸の中』（一九一五年）で次のように書いています。

> 「母は私の十三四の時に死んだのだけれども、私の今遠くから呼び起す彼女の幻像は、記憶の糸をいくら辿って行っても、御婆さんに見える。晩年に生れた私には、母の水々しい姿を覚えている特権がついに与えられずにしまったのである」（三七）

「母の記念のため」に書いたという短いエッセーからですが、母親への思慕の情がちょっぴりユーモアもあって、ほんのりと伝わってきます。「母の水々しい姿を覚えている特権がついに与えられずにしまった」という文章は切ないのですが、素晴らしいと思います。

前衛美術家の母は一筋縄ではいかない作家――岡本かの子『母子叙情』

「爛漫」（P120）で『河明り』という小説を引用した岡本かの子（一八八九～一九三九）は、美術家の岡本太郎の母親です。かの子には、『母子叙情』（一九三七年）という太郎との深い絆を描いた作品があります。その中で、「みずみずしい」は次のように使われています。

「かの女は、近年美術季節毎に、権威ある美術批評を載せるラントランシジャン紙上に掲載される十指ほどの画家の中にむす子の名も混っているし、抽象派の機関誌にアルプとかオーザンファン、セリグマンとかいう世界的な元老の作品の頁と並んで載っているむす子の厳格な詩的な瑞々しい画に就いては何の疑いもなかった」

太郎は、かの子と漫画家の岡本一平（一八八六～一九四八）との間に一九一一年に生まれました。『母子叙情』の中では、太郎とおぼしき青年は「一郎」という名です。洋画家志望の一郎は、五年前に両親がパリに行った際に一緒に連れて行かれたのですが、そのまま彼だけパリに残ります。その一郎の紹介で、「巴里（パリ）前衛画派中今は世界的大家であるK・S氏」夫妻が来日した際に、母親である「かの女」（つまりかの子のこと）が世話をしたのです。「K・S氏」は、シュルレアリスムの画家クルト・セリグマンのことです。K・S氏はかの女に、「イチロ（一郎）は詩人的素質をもつゆえにきびしいリアリズムを神秘にまで高めていて、今前衛画派の花形のうちで一番年少でありながら、一番期待と興味を持たれています」という賛辞を贈ります。それに対して、母親であるかの女は、自分へのお世辞でもお礼心でもなく、心底一郎の才能を信じているのです。ただ一つ、気がかりだったのは、西洋人の間に入ってやっていけるだけの体力があるのかという、いかにも母親らしい心配でした。

『母子叙情』は、日本に戻ってきた母親がパリに残してきた「むす子」への思いを募らせる内容ですが、ただの母子の愛情を描いた作品だと思って読むと完全に裏切られます。母親のかの女は、町で見かけた息子によく似た青年の後をつけ、やがてその青年と交際を始めてしまうのです。かの女には夫もいるのですが、その夫公認で。しかも、その青年の母親にも会いに行きます。岡本かの子は、一筋縄ではいかない作家だということがわかる作品です。

おかもと・かのこ【岡本かの子】［1889〜1939］小説家・歌人。東京の生まれ。本名、カノ。女学校在学中から新詩社に参加、「明星」「スバル」に短歌を発表。漫画家岡本一平と結婚。仏教の研究家としても知られる。歌集「かろきねたみ」、小説「鶴は病みき」「母子叙情」「老妓抄」「河明り」「生々流転」など。

雪（ゆき）を欺（あざむ）く

二七

「雪を欺く」は、その白さが雪に引けを取らないほどであるということで、非常に白いさまを表します。「欺く」は、「…を欺く」の形で、…と負けずに張り合うほどである、…と紛れる、という意味を表す語です。

「雪を欺く」のほかに、「昼を欺く」「花を欺く」などと使います。意味は「雪を欺く」と同じで、「を」の前に来る語に引けを取らないほどという意味です。「昼を欺く」は、吉(よし)

川英治（一八九二〜一九六二）の長編小説『宮本武蔵』（一九三五〜三九年）に、次のような使用例があります。

「別当所の前も、山門の両わきにも、大篝火をどかどかと焚いていた。門前町の家ごとには、門々に松明をつけて、何千尺の山の上も、昼をあざむくばかりだった」（二天の巻・撥・一）

二刀流の創始者宮本武蔵が、秩父の三峰神社の祭りに行く場面です。武蔵は神楽太鼓の音を聞いて、打つ撥は二つでも発する音は一つであると気づき、二刀流を開眼するのです。

「花を欺く」は、「一入」（P162）で引用した高山樗牛（一八七一〜一九〇二）の小説『滝口入道』（一八九四年）でも、

「春の花を欺く姿、秋の野風に暴して、恨みわびたる其様は、如何なる大道心者にても、心動かんばかりなるに」（二〇）

と使われています。「春の花を欺く姿」なのは、かつて滝口入道が思いを寄せた中宮の女官、横笛（よこぶえ）です。横笛は出家した滝口をようやく捜し当て訪ねるのですが、滝口は会おうともせず、横笛は仕方なく涙を流しながら引き返すのでした。

「…を欺く」は、このように印象的な場面で、さりげなく使えることばのようです。

新橋芸者を主人公に描く大正の風俗――永井荷風『腕くらべ』

「雪を欺く」は、特に女性の肌の白さなどについていう語で、永井荷風（ながいかふう）（一八七九～一九五九）の小説『腕くらべ』（一九一六～一七年）では、次のように使われています。

「明るい電灯をまともに受けた裸身（はだかみ）雪を欺くばかり。吉岡は我を忘れて、駒代（こまよ）が浴衣を取ろうと折りかがんで伸す手をいきなり摑（つか）んでぐっと引き寄せた。不意に引かれて女は、『あらあなた。』と思わずよろめき、むっちりと堅肥（かたぶと）りの肌身横ざまに倒しかけるを此方（こなた）は丁度よく腕の間に受け留めたなり抱きすくめ、

少しもがくのを耳に口よせて、『駒代。七年ぶりだな。』」（三　ほたる草）

さらに引用したいところですが、これくらいにして……。『腕くらべ』は大正初期の新橋花柳界を舞台に、主人公の芸妓（げいぎ）駒代と彼女をめぐるさまざまな男性を通して、当時の風俗を描いた作品です。引用文は、身請（みう）けされて一時は東北の秋田に引きこもっていた駒代が、三年目に旦那と死別し、再び東京に舞い戻り、芸者屋に身を置くようになってからのことです。駒代もすでに二六歳になり、芸者として身の行く末を案じなければならず焦りも感じていました。「吉岡」はまだ学生だったときに駒代となじみになった客で、東京に戻った駒代と久しぶりに帝劇で再会したのです。学生だった吉岡も七年経って、世話をする芸者や妾（めかけ）同然の女がいるなど、すっかり遊び慣れていたのでした。

爛漫（らんまん）

二八

「爛漫」は、花の咲き乱れているさまをいう語です。「春爛漫」の形で使うこともあります。旧制第一高等学校の寮歌に、まさに『春爛熳の花の色』（一九〇一年）という歌もあります。

「爛漫」は、最近はあまりその意味で使わなくなりましたが、光り輝くさま、明らかにあらわれるさまという意味もあります。

「爛漫」は「天真爛漫（てんしんらんまん）」の形で、ありのままであるさま、無邪気で屈託のないさまという意味でもよく使います。ただし、「天真爛漫」は時として自分本位な人という意味にもなりますので、使うときは注意が必要です。

女性の美の表現に見事な使い分け——岡本かの子『河明り』

岡本（おかもと）かの子（一八八九〜一九三九）は『河明り』（一九三九年）という小説の中で「爛

漫」を五回使っています。前後の関係がわかりにくいかもしれませんが、出現順にすべて引用してみます。

「爛漫と咲き溢(あふ)れている花の華麗。竹を割った中身があまりに洞(うつろ)すぎる寂しさ」

「この娘にも一光閃も、一陰翳もない。ただ寂しいと云(い)えばあまりに爛漫として美しく咲き乱れ、そして、ぴしぴし働いている」

「すると娘は、俄(にわか)に、ふだん私が見慣れて来た爛漫とした花に咲き戻って、朗(ほがらか)に笑った」

「いつもの爛漫とした大柄の娘の眼が涙を拭いたあとだけに、尚更(なおさら)、冴(さ)え冴(ざ)えとしてしおらしい」

「この爛漫とした娘の性質に交った好学的な肌合いを感じ、それがこの娘に対する私の敬愛のような気持ちにもなった」

これらの「爛漫」は、すべて一人の女性の形容として使われています。『河明り』は小説家で歌人だった岡本かの子の死後、遺稿として発表された作品です。小説家の「私」は

「いま書き続けている物語の中の主要人物の娘の性格に、何か物足りないものがある」と感じ、執筆のために環境を移そうと思って、大川（隅田川）の河沿いの三階建て洋館の一部屋を借ります。その家のお嬢さんが、「爛漫」と形容される娘でした。「私」はこの娘の美しさに目を見張ります。そしてその娘を好ましいと思うのですが、それは娘が自分の美しさをまったく意識していないところでした。その美しさを「爛漫」と表現しているのです。それは決して華やかなものではない、一抹の寂しさを秘めた美しさだったようです。「爛漫」のもつ、花の咲き乱れているさまという意味から光り輝くさまという意味まで、この小説の中で作者の岡本かの子は見事に使い分けているような気がします。

やがて「私」は、娘には婚約者がいるのに、その相手の若者は船に乗っていて日本に帰ってきてもすぐに海に出てしまうという話を聞かされます。「私」は、そんな若い二人の奇妙な関係に心がとらわれてしまい、とうとう娘を連れ、相手の若者が乗った船がシンガポールに寄港するのに合わせて、出掛けてしまうのです。シンガポールで若者と会った「私」は、彼がなぜ結婚を避けようとしていたのか、つらい過去を聞かされるのでした。

凛（りん）と

二九

「凛と」は、人の態度や姿などが整っていて、きりっとしているさまを表す語です。「凛」は寒気が厳しいさまや、気分が引き締まっているさまという意味の漢字です。異体字で「凜」とも書きます。

また「凛と」は、澄み切った、鋭く響く音を表す語としても用いられます。「憚（はばか）りながら」（P254）で引用した泉鏡花（いずみきょうか）（一八七三〜一九三九）の短編小説『外科室（げかしつ）』（一八九五年）の中で、次のように使われています。

「看護婦はまた謂（い）へり。『それは夫人（おくさま）、いくらなんでもちっとはお痛みあそばしませうから、爪をお取りあそばすとは違ひますよ』夫人はここにおいてぱっちりと眼を睜（ひら）けり。気もたしかになりけむ、声は凛として、『刀（とう）を取る先生は、高峰様だろうね！』『はい、外科科長です。いくら高峰様でも痛くなくお切り申すことはできません』『いいよ、痛かあないよ』」（上）

引用文の「凛と」は、「夫人」の声が鋭く響くという意味です。『外科室』は、麻酔を拒んで手術を受けた夫人と、執刀医である医師との秘められた関係が、「外科室」で明らかになるというストーリーです。この部分は、自分の手術をする医師が思いを寄せている高峰医師だと知って、麻酔を拒む場面です。夫人の決意が凛とした声に込められているのです。なぜ夫人は麻酔を拒んだのでしょうか。「憚りながら」でも書きましたが、夫人には秘密があり、うわ言を言ってその秘密を人に知られてしまうかもしれないと思ったからです。夫人は九年前に一瞬だけ出会ったことがある高峰医師に、ひそかに思いをかけていたのです。

動物たちが夜な夜な練習の手助け――宮沢賢治『セロ弾きのゴーシュ』

宮沢賢治（みやざわけんじ）（一八九六〜一九三三）は、童話『セロ弾きのゴーシュ』の中で、きりっとしているという意味の「りんと」を、次のように使っています。

「ひるすぎみんなは楽屋に円（まる）くならんで今度の町の音楽会へ出す第六交響曲の練習をしていました。トランペットは一生けん命歌っています。ヴァイオリンも二いろ風のように鳴っています。クラリネットもボーボーとそれに手伝っています。ゴーシュも口をりんと結んで眼を皿のようにして楽譜を見つめながらもう一心に弾いています。にわかにぱたっと楽長が両手を鳴らしました。みんなぴたりと曲をやめてしんとしました。楽長がどなりました。『セロがおくれた。トォテテ　テテテイ、ここからやり直し。はいっ。』」

『セロ弾きのゴーシュ』は、宮沢賢治の死後に発表されました。「ゴーシュ（gauche）」はフランス語で、不器用なとか、ぎこちないとかいった意味です。引用文からもわかるように、彼は楽団のセロ（チェロ）奏者でしたが、演奏がからきし下手なのです。口元をキリッと引き締めて、目を大きく見開いて楽譜を見てもだめでした。楽長からもあきれられてしまうのですが、そんなゴーシュの家に、夜な夜なさまざまな動物が訪ねてきて練習の手助けをしてくれます。そのおかげでゴーシュは急に腕を上げ、演奏会は見事に成功します。ゴーシュは単に演奏の腕を上げただけでなく、人間的にも成長するのです。

賢治は音楽好きで、実際にチェロを愛好していました。そのチェロは現在、岩手県花巻市の宮沢賢治記念館に展示されています。

第三章

文章表現

〈三〇〜四五〉

すべからく

＝当然なすべきこととして、本来ならば

「お爺さんは岩の上に大あぐらをかき、瓢のお酒を飲みながら、頬の瘤を撫で、『なあに、こわい事なんか無いさ。遠慮には及びませぬて。人間すべからく酔うべしじや。まじめにも、程度がありますよ』」

——太宰治『お伽草紙』より

あに図（はか）らんや

三〇

「あに図らんや」は、思いがけないことには、という意味です。「あに図らんや、あの人が真犯人だったとは」のように、後に続く文で表現される事態が予想外だったときに使います。どうしてこのような事態を思い描くことができようか、ということです。「あに」は「豈」とも書き、後に推量を表す語を伴って、どうして…か、という意味の反語表現を作ります。たとえば、元号「令和」で有名になった、万葉歌人の大伴旅人（おおとものたびと）にこのような歌があります。

「価（あたい）なき宝といふとも一坏（ひとつき）の濁れる酒にあにまさめやも」（『万葉集』巻三・三四五）

評価できないほどこの上なく貴い宝であっても、一杯の濁った酒にどうしてまさっていようかという意味です。「酒を讃むる歌」と題された一三首の中の一首です。どんなに高価な宝物よりも、酒の方がいいといっているのですから、旅人は相当お酒が好きだったのでしょう。私も思わず、うんうんとうなずきたくなります。

不仲の菊池寛をモデルに――永井荷風『つゆのあとさき』

永井荷風（ながいかふう）（一八七九～一九五九）は、小説『つゆのあとさき』（一九三一年）の中で、「あに図らんや」を次のように使っています。

「清岡はその日まで、独り君江に限らず世間の若い女が五十六十の老人に身を寄せて平気でいるのは、恋愛と性慾との不満足を忍んで只管（ひたすら）生活の安定を得ようがためとばかり思込んでいたのであるが、豈図らんや。事実は決してそうでない。自分ばかりを愛していると思っていた君江の如（ごと）きは、事もあろうに淫卑（いんぴ）な安芸者と醜悪な老爺（ろうや）と、三人互に嬉戯（きぎ）して慚（はじ）る処（ところ）を知らない」（四）

『つゆのあとさき』は、頽廃（たいはい）的で自由奔放な生活を送るカフェーの女給君江と、彼女を取り巻く客との享楽的なありさまを描いた作品です。「カフェー」というのは昭和初期に流行したキャバレーのような飲食店です。「清岡」は君江の情夫で清岡進という流行作家です。清岡は愛人である君江が六〇過ぎの老人と逢い引きをしている現場を目撃し、この引用文のように思うのでした。余談ですが、この清岡進のモデルは、本書でも何度か登場する作家の菊池寛だといわれています。実際、荷風と菊池はカフェーの女給とのトラブルが原因で、不仲だったそうです。「安芸者」は君江の友人の京子という芸者（私娼）です。「嬉戯」はうれしそうに遊び戯れるという意味です。

　清岡は自分ばかりを愛していると思っていた君江のこうした行動に、言うに言われぬ憎悪の念を抱き、復讐をしてやろうと考えます。それも自分の腹心同様の男を使って、君江の着物のたもとを安全かみそりで切らせたり、君江が留守にしている間に死んだ猫の子を押し入れの中に投げ入れたりするというものです。大人げないとしか言いようがありません。そして、それでもあまり君江がこたえていないとみるや、君江の左の内腿には初めは一つだった黒子がいつとなく並んで三つになっているということを、銀座あたりのカフェーの女給のうわさを書いた新聞（そんなものがあったのですね！）に暴露するのでした。ここまで陰湿な性格の人物として描くということは、荷風は清岡＝菊池にかなり複雑な思いを抱いていたのかもしれません。

このような内容ですが、『つゆのあとさき』は君江という主人公を通して、昭和初年の新しい東京の姿を描いた、荷風の代表作の一つと言われています。

ながい・かふう【永井荷風】［1879〜1959］小説家。東京の生まれ。本名、壮吉。広津柳浪に師事、ゾラの影響を受けて「地獄の花」を発表。アメリカ・フランス遊学後、「あめりか物語」「ふらんす物語」や「すみだ川」などを執筆、耽美派の中心的存在となる。のち、「腕くらべ」などで花柳界の風俗を描いた。文化勲章受章。他に「濹東綺譚」「つゆのあとさき」、訳詩集「珊瑚集」、日記「断腸亭日乗」など。

幾（いく）ばく

「いくばく」は、どれほど、どれくらいのという意味で、特にそれがわずかである場合に用います。「余命いくばくもない」「いくばくかの金を包む」などと使います。

「いくばく」は「幾何」「幾許」などと書きます。『三国志』で知られる魏（ぎ）の曹操（そうそう）の詩に、

「対酒当歌、人生幾何」

という句があります。「酒に対して当に歌ふべし　人生幾何ぞ」と読みますが、酒を前にしたら必ずや歌うべきだ、人生はどれほどのものだと言うのか、といった意味です。つい「その通り！」と膝を打ちたくなります。『三国志演義』では悪役の曹操ですが、第一級の政治家で戦略家であると同時に、すぐれた詩人でもあったのです。

近代随筆の名著と評される市中散策記——永井荷風『日和下駄』

永井荷風（一八七九〜一九五九）は、随筆『日和下駄』（一九一四〜一五年）で「いくばく」を次のように使っています。

「広重の絵本江戸土産によつて、江戸の都人士が遍く名高い松として眺め賞したるものを挙ぐれば小名木川の五本松、八景坂の鎧掛松、麻布の一本松、寺島村蓮華寺の末広松、青山龍巌寺の笠松、亀井戸普門院の御腰掛松、柳島妙見堂の松、根岸の御行の松、隅田川の首尾の松なぞ其他尚いくらも有らう。しかし大正三年の今日幸に枯死せざるもの幾何ぞや」（第三　樹）

『日和下駄』は、「一名　東京散策記」というう副題が付けられているように、荷風の市中散策記で、近代の随筆の名著とも評されています。タイトルは、作者がいつも「日和下駄」を履き蝙蝠傘を持って歩いていたことから付けられました。「日和下駄」は晴天の日に履く、歯の低い下駄のことです。『日和下駄』を書いた頃のものではないのでしょうが、荷風の散歩姿の写真が遺されています。それは、洋装で日和下駄らしき下駄を履いて、蝙蝠傘を持ち、さらにフジか何かで編んだ買い物籠を持っているものです。長谷川町子の漫画の主人公サザエさんが、買い物に行くときに持っているのと同じような籠ですから、かなり目立っていたのではないでしょうか。

広重は江戸後期の浮世絵師歌川広重のことです。代表作『東海道五十三次』はどこかでご覧になったことがあるでしょう。『絵本江戸土産』は浮世絵本です。「都人士」は都会に住んでいる人という意味です。いろいろな松の名前が出てきますが、すべて江戸時代に有名だった松の木です。荷風は、これらの松の木の中で、大正三年（一九一四年）に幸いにして枯死していないのはどれほどであろうかといっているのです。

さらに荷風は、

「もし今日の東京に果して都会美なるものがあり得るとすれば、私はその第一の要素をば樹木と水流に俟（まつ）ものと断言する」（第三　樹）

とまで述べています。「俟もの」とはそれを頼りにしてまかせるものという意味です。荷風が東京を散策したときからすでに百年以上経ってしまいましたが、この本を頼りに江戸の名残を探し求めながら、東京散策をしてみたくなります。

一縷（いちる）　三二

「一縷」は、もともとは一本の糸筋のことです。「縷」という漢字が、細々と連なる糸筋という意味です。そして、そのように細くわずかなもののこともいいます。たとえば、夏目漱石（一八六七～一九一六）の小説『吾輩は猫である』（一九〇五～〇六年）に、

「蒸し熱い夏の夜に一縷の冷風が袖口を潜ったような気分になる」（四）

という文章があります。ここでは細いひと筋の「冷風」という意味です。猫（吾輩）の飼い主である苦沙弥先生は、近所に住む実業家の金田夫妻を嫌っていて、金田夫人が教え子の水島寒月と金田家の娘との結婚話の相談にきたときに、横柄な態度で追い返してしまいます。すると、金田家では苦沙弥先生の学生時代の同級生だった鈴木を先生の家に様子を探りに行かせるのです。鈴木と渋々会った先生は、鈴木が「当人同士が嫌でないなら」と言うのを聞いて心を少し動かされ、引用した文章のように感じるのです。先生は、金田家は嫌いでも、当人同士が好いた仲ならそれを妨害すべきではないと思うのでした。それを「一縷の冷風が袖口を潜ったような気分」と表現したのです。

さらに「一縷」は、極めてわずかなつながりのたとえにも用いられるようになりました。多く「一縷の望み（希望）」のような形で使われます。

「微苦笑」を造語した漱石門下――久米正雄『受験生の手記』

「一縷の望み」は、久米正雄（一八九一～一九五二）の『受験生の手記』（一九一八年）という小説では、次のように使われています。この小説は「ゆくりなく」（P279）でも引用しました。

「私は何だか彼の言に元気づけられた。山下の実例が、佐藤の云う事だから真偽は分らぬにしても、或いはという一縷の望をいだかせた。私は気を取り直して家に帰った。翌日は英語だった。――」（一〇）

久米正雄は芥川龍之介とともに夏目漱石の門下だった作家です。余談ですが、漱石の没後、遺児の筆子に一方的に恋情を抱きますが、それが破局したことから、そのときの経験を描いた『破船』などの作品も残しています。また、微笑と苦笑の交じった複雑な笑いをいう「微苦笑」は久米の造語です。

『受験生の手記』は、旧制の第一高等学校（一高）受験を目指した青年の手記の形をとった短編です。主人公の健吉は一高受験に再度失敗してしまうのですが、一歳年下の弟は一高に合格したことから、先を越されてしまいます。さらに、受験生時代に思いを寄せていた親戚の澄子という少女も、自分ではなく弟に恋心を抱いていることを知るのでした。行き場を失った健吉は、ふるさと福島の猪苗代湖に身を投じ自殺してしまいます。

引用文は、四日間続く受験の初日に行われた、数学の試験直後の場面です。健吉は時間切れで代数の問題が一問解けないまま、答案用紙を提出することになってしまったのです。すっかりしょげていると、同じ受験生なのに遊んでばかりいる佐藤という男から、昨年山下という二人の共通の友人が数学の問題を一問白紙で出しても合格したという話を聞かされるのでした。「或いはという一縷の望」とはそういうことです。かなり虫のいい望みなのですが、受験生でしたら誰しもが、あるあるとうなずくところかもしれません。少なくとも私はそうでした。

くめ・まさお【久米正雄】
［１８９１～１９５２］小説家・劇作家。長野の生まれ。俳号、三汀。菊池寛・芥川竜之介らとともに第三次・第四次「新思潮」同人として活躍。のち、通俗小説に転じた。戯曲「牛乳屋の兄弟」、小説「受験生の手記」「破船」など。

座右（ざゆう）

三三

「座右」は、身近なところ、傍らという意味です。もともとは「座席の右」ということでした。多く、愛読書の意味で「座右の書」、日常の戒めとすることばの意味で「座右の銘（めい）」などと使います。

この「座右の銘」という言い方には、次のような使用例があるので紹介しておきます。

一つは江戸時代の俳人の芭蕉の句です。芭蕉が死去した翌々年の一六九六年（元禄九年）に、江戸深川の長慶寺に翁塚（おきなづか）を建てた記念として、芭蕉の遺稿を中心に『芭蕉庵小文庫（ばしょうあんこぶんこ）』という書籍が編集されます。そこに「座右之銘」として、「人の短をいふ事なかれ、己が長をとく事なかれ」という中国後漢の崔瑗（さいえん）（字（あざな）は子玉（しぎょく））の銘が載せられ、さらに「物いへば唇寒し穐（あき）の風」という芭蕉の句が付載されています。この句はお聞きになったことがあるでしょう。

もう一つは、作家で劇作家だった水上瀧太郎（みなかみたきたろう）（一八八七～一九四〇）の『貝殻追放（かいがらついほう）』（一九二〇～三三年）という随筆集の一節です。

「人をつかまえて親切めかして忠告するのは、人をつかまえて無責任に罵倒するのと同じ位いい気持なものである。これは自分の座右の銘では無い。〈略〉『水上瀧太郎君に与ふ』といふ文章に次郎生と名告った人から難詰状を受取った時に、ふと自分の脳裡に浮んだ安価なる詭弁である」（「愚者の鼻息」）

水上自身は「安価なる詭弁」だと評していますが、私にはけっこう真理を突いているような気がします。

里子に出された少年の成長を描く自伝的小説――下村湖人『次郎物語』

「座右」は、下村湖人（一八八四～一九五五）の長編小説『次郎物語』で、次のように使われています。

「次郎は、どういう考えからか、一月ばかりまえに、自分の蔵書の中から、それだ

けの本を選んで座右におき、ほかはみんな押し入れにしまいこんでしまったのであるが、このごろでは、そのわずかな本のいずれにもあまり親しまないで、ほとんど『歎異抄』ばかりをくり返し読んでいるのである」（第五部・一・友愛塾・空林庵）

『次郎物語』は、小説家で教育家だった下村湖人の自伝的な作品です。一九四一年に第一部が出版され、第二部が一九四二年、第三部は一九四四年と戦時中に書き継がれ、第四部は戦後一九四九年に、そして引用した第五部は一九五三〜五四年に書かれました。ただし、作者の死により未完となりました。

次男として生まれた主人公の次郎は、兄と弟への祖母の偏愛のために里子に出されていたのですが、やがて実家に戻されます。ところが、露骨に次郎につらく当たる祖母らによって、実家にはなじめずにいました。当てつけにけんかやいたずらを繰り返す次郎に、母親も厳しく当たるため、次郎は母性愛にも飢えていました。そんな幼少年期を過ごした次郎ですが、やがて多くの人たちとの出会いを経て、人間として成長していくのです。

引用文のある第五部は、次郎が通っていた中学校の朝倉先生が、海軍の急進派青年将校が中心となったクーデター未遂事件、五・一五事件（一九三二年）を批判して教職を解かれ、東京で始めることになった私塾が舞台です。朝倉先生を敬愛していた次郎も配属将校に反抗したということで中学校を退学になり、三年半ほど前から東京の朝倉家に下宿していたのです。『次郎物語』は一九六四～六五年にＮＨＫでドラマ化されました。私はそれを見て原作を読んだのです。

しもむら・こじん【下村湖人】［１８８４～１９５５］小説家・教育家。佐賀の生まれ。本名、虎六郎(ころくろう)。教職を経て著述生活に入る。自伝的教養小説「次郎物語」で知られる。

粛々（しゅくしゅく）

三四

「粛々」は、おごそかなさま、厳粛なさまという意味です。もともとは、静かでひっそりしたさまを表す語で、江戸時代後期の儒学者で歴史家だった頼山陽(らいさんよう)（一七八〇～一八三二）の「題不識庵撃機山図（不識庵機山を撃つの図に題す）」という漢詩に、その意味で使われた有名な一節があります。

「鞭声粛粛夜過河（鞭声粛粛夜河を過る）」

というものです。詩吟でよく吟じられる詩なので、聞いたことがあるかたもいらっしゃるでしょう。詩題にある「不識庵」は上杉謙信、「機山」は武田信玄のことです。有名な川中島の戦いを詠んだ漢詩です。上杉謙信が武田信玄の機先を制するために、敵に気づかれないように、馬にあてる鞭の音も静かに千曲川を渡ったという意味です。それほど慎重に渡河した謙信ですが、この詩の結句に「流星光底長蛇を逸す」とあるように、刀を打ちおろしたのに（「流星光底」は、打ちおろした刀の光のこと）、信玄（長蛇）を切り損じて逃がしてしまいます。

現代語としての「粛々」は「粛々と」の形で、「粛々と弔問の列が続く」のように、威厳をもって物事を行うさまをいいます。なぜか政治家の好きなことばのようで、「法案の審議を粛々と進める」のように使われますが、決して政治用語ではありません。逆にいえば、政治家の用語のように思われてしまうかもしれませんので、「○○を粛々と進める」

というときは注意が必要です。

親譲りの無鉄砲が松山でも――夏目漱石『坊っちゃん』

「粛々」は、夏目漱石（一八六七〜一九一六）の『坊っちゃん』（一九〇六年）の中で、次のように使われています。

「邪魔になる生徒の間をくぐり抜けて、曲がり角へもう少しで出ようとした時に、前へ！　と云う高く鋭い号令が聞えたと思ったら師範学校の方は粛粛として進行を始めた。先を争った衝突は、折合がついたには相違ないが、つまり中学校が一歩を譲ったのである。資格から云うと師範学校の方が上だそうだ」（一〇）

『坊っちゃん』は、東京から松山の中学校の数学教師に赴任した、単純で直情家「坊っちゃん」の正義感あふれる姿を、ユーモアに富んだ筆致で歯切れよく描いた作品です。

「親譲りの無鉄砲で小供の時から損ばかりしている」という書き出しを覚えているかたも

大勢いらっしゃるでしょう。
漱石の時代ですから、引用文中の中学は旧制の、師範学校は当時の小学校教員の養成機関だった学校のことです。二つの学校が行進をしていたのは、日露戦争の祝勝の式に参加するためです。中学と師範学校の生徒は犬猿の仲でしたが、このときは何事もなく「粛々」と行進していました。ところが、この後にあった祝勝会の余興で両校は意趣返しとばかりに大げんかを始め、坊っちゃんと同僚教師の山嵐もけんかに巻き込まれて警察に捕まってしまいます。翌朝、この事件が新聞記事になると、二人は中学の生徒をそそのかして騒動を起こした主犯格にされていました。この記事もけんか騒動も、ずるがしこい教頭の赤シャツの陰謀だと疑った二人は、赤シャツの腰巾着の画学教師、野だいこをこらしめます。そしてその後、ともに松山の地を去るのでした。

なつめ・そうせき【夏目漱石】
［1867〜1916］小説家・英文学者。江戸の生まれ。本名、金之助。英国留学後、教職を辞して朝日新聞の専属作家となった。自然主義に対立し、心理的手法で近代人の孤独やエゴイズムを追求、晩年は「則天去私」の境地を求めた。日本近代文学の代表的作家。小説「吾輩(わがはい)は猫である」「坊っちゃん」「三四郎」「それから」「行人」「こころ」「道草」「明暗」など。

すべからく

三五

この語を高校時代に習ったというかたは、大勢いらっしゃるでしょう。漢文で、「再読文字」と呼ばれる、訓読の際に一度読んだ後、下からかえってもう一度読む漢字がありますが、「すべからく」もその一つです。「須」という漢字で、「すべかラク～ベシ」と読みます。「べし」は推量の助動詞で、ある事をぜひともしなければならないという気持ちを表します。当然なすべきこととしてとか、本来ならば、というような意味です。

この漢文の用法が一般に広まり、漢文以外でも使われるようになりました。たとえば鎌倉末期の兼好法師の随筆『徒然草』でも、

「徳をつかんと思はば、すべからく、まづその心づかひを修行すべし」（第二一七段）

のように使っています。ある大金持ちが語ったという金持ちになるための心得の一部で

す。富（「徳」は富や利益、もうけのこと）を得ようと思うならば、当然のことながら、まずその心構えを修行しなければならない、という意味です。

この大金持ちは、「人は万（よろず）をさしおきて、ひたふるに徳をつくべきなり。貧しくては、生けるかひなし。富めるのみを人とす（＝人間は万事をさしおいて、ひたすら利得を身につけるべきだ。貧しくては生きているかいがない。富める人だけが人間といえるのだ）」なんて言っている人ですから、かなり強烈な個性の人だったようです。

兼好はその語った内容をかなり詳しく紹介していますが、少しも共感できなかったのかもしれません。兼好がどのように感じたかは原文をお読みいただきたいのですが、この大金持ちのような拝金主義者が兼好と同世代にいたというのは、非常に興味深いことです。

最近この語を本来の意味ではない、「すべて、皆」の意味で使う人が増えているようです。安倍晋三前総理も以前、「すべての責任はすべからく私にある」と言って、この「すべからく」の使い方はおかしいと話題になったことがありました。

文化庁が毎年行っている「国語に関する世論調査」でも、本来の意味である「当然、ぜひとも」で使う人が四一・二％、本来の意味ではない「すべて、皆」で使う人が三八・五％と、ほぼ同じ割合という結果になっています（二〇一〇年度調査）。

想像の域を出ないのですが、ひょっとすると「すべからく」の「すべ」が「すべて」の「すべ」だととらえられてしまったのかもしれません。もともとは漢文の中で使われる語だと書きましたが、学校の授業の中で、そうした語であるということを、すべからく指導すべきなのかもしれません。

有名な昔話に諧謔を加えてアレンジ――太宰治『お伽草紙』

「すべからく」は、たとえば太宰治（一九〇九～四八）も使っています。小説集『お伽草紙』（一九四五年）に、

「お爺さんは岩の上に大あぐらをかき、瓢のお酒を飲みながら、頬の瘤を撫で、『なあに、こわい事なんか無いさ。遠慮には及びませぬて。人間すべからく酔うべしじゃ。まじめにも、程度がありますよ』」（「瘤取り」）

とあります。『お伽草紙』は「瘤取り」「浦島さん」「カチカチ山」「舌切雀」の四編を収め

た小説集ですが、有名なこれらの昔話に、太宰らしい諧謔に富んだ解釈を施した作品です。太宰の瘤取り爺さんは右の頬に瘤があり、大変な酒飲みで、人間は当然酔っ払わなければならないんだ、なんて言っています。「瘤取り」にはもう一人、左の頬に瘤のあるお爺さんが登場します。二人がどうなったかは、実際に作品をお読みください。

だざい・おさむ【太宰治】［1909〜1948］小説家。青森の生まれ。本名、津島修治。井伏鱒二に師事。自虐的、反俗的な作品を多く発表。玉川上水で入水自殺。作「津軽」「斜陽」「人間失格」など。

滔々（とうとう）

三六

「滔々」は、次々とよどみなく話すさまをいいます。もとは、水が盛んに流れるさまや、多量の水を悠然とたたえているさまの意で、たとえば、森鷗外（一八六二〜一九二二）の史伝小説『伊沢蘭軒』（一九一六〜一七年）では、

「琵琶嶺をすぎ山を下れば松林あり。右方に入海のさまにて水滔々たり。諸山の影うつる」（三四）

と使われています。伊沢蘭軒は備後福山の藩医だった人です。引用文は、蘭軒が文化三年（一八〇六年）に長崎まで、江戸から中山道を通って旅したときの記述です。「琵琶嶺」は中山道の宿場、大湫宿（おおくてしゅく）（現岐阜県瑞浪（みずなみ）市）の近くにある琵琶峠のことでしょう。

問題です。この作品名は何と読む？——国木田独歩『牛肉と馬鈴薯』

よどみなく話すという意味では、国木田独歩（くにきだどっぽ）（一八七一〜一九〇八）の小説『牛肉と馬鈴薯』（一九〇一年）に、次のような使用例があります。

「ヤレ月の光が美だとか花の夕（ゆうべ）が何だとか、星の夜は何だとか、要するに滔々たる詩人の文字（もんじ）は、あれは道楽です。彼等は決して本物を見てはいない、まぼろしを見ているのです、習慣の眼が作るところのまぼろしを見ているに過ぎません。感情の遊戯です。哲学でも宗教でも、その本尊は知らぬことその末代の末流に至ては悉くそうです」

『牛肉と馬鈴薯』は、独歩の哲学や人生観をテーマにした小説です。東京の芝区桜田本郷町の明治倶楽部に集まった仲間が、現実主義的な考えを牛肉に、理想主義的な考えを馬鈴薯にたとえて議論するのです。その中で、独歩の分身と思われる岡本という人物は、自身の願望として、古び果てた習慣（カスタム）の圧力から脱がれて、驚異の念をもってこの宇宙を顧みて存在していたいと述べるのです。

引用文はその岡本が語ったものですが、「滔々」に関していえば、話すという行為に対しての形容ではなく、ここでは詩作に関して使っている点が面白いと思います。そして、その内容はかなり辛辣に思えます。自分とは何者なのかということを突き詰めた言説といえるでしょう。『牛肉と馬鈴薯』は、文学史にも出てくるよく知られた小説ですが、かなり観念的で難解な作品なのです。

ところで、『牛肉と馬鈴薯』の「馬鈴薯」にあえて振り仮名を付けなかったのですが、皆さんはこれを何と読みましたか。実をいいますと、私は長い間『牛肉とバレイショ』と読んでいました。もともと、書名には振り仮名は付いていません。でも、小説の中には「馬鈴薯（じゃがいも）」と振り仮名の付いているものが何か所かあります。他にも「馬鈴薯（いも）」などという振り仮名も見えます（この作品は、一九〇五年七月二六日近事画報社発行の『独歩集』に収録。同書は総ルビ。国立国会図書館デジタルコレクションで確認できる）。つまりこの小説は『牛肉とジャガイモ』だったのです。このことを知ったのは辞書編集者になってからですが、私はかなり衝撃を受けました。なぜかというと、勝手な語感で、バレイショの方が高尚な感じがすると思っていたからです。ジャガイモには申し訳ないのですが。

辞書でも「ぎゅうにくとじゃがいも」の形で見出し語が立てられています。

くにきだ‐どっぽ【国木田独歩】［1871～1908］詩人・小説家。千葉の生まれ。本名、哲夫。新体詩から小説に転じ、自然主義文学の先駆となる。代表作「武蔵野」「源叔父」「牛肉と馬鈴薯」「運命論者」など。

名代（なだい）

「名代」は、多くの人にその名が知られていることをいいます。つまり、有名だということです。もともとは、標示する名、名目として掲げる名という意味で、江戸時代の随筆『耳嚢（みみぶくろ）』では次のように使われています。

「新吉原町の遊女幾世といへるを妻として夫婦にて餅を拵（こしら）へ〈略〉両国橋幾世餅と妻の古名を名代にて商ひせしが」（一・両国橋幾世餅起立（いくよもちきりゅう）の事）

落語ファンならこれを読んで、おや？　とお思いになったかもしれませんね。そうです、落語の演題「幾代餅」の話です。『耳嚢』は幕臣で勘定奉行にまでなった根岸鎮衛（やすもり）が、巷談（こうだん）、異事奇談などを書き留めたものです。一七八四年に起筆し、一八一四年まで書き続けられました。根岸は町奉行も勤めましたが、入れ墨をして下情（かじょう）に通じた奉行といううわさが流れて評判が高かったそうです。そういう町奉行は他にもいましたね。

「幾世餅」は、江戸両国名物のあん餅のことですが、小松屋喜兵衛が、吉原の遊女、幾世を身請けして妻とし、遊女だったときの名を冠して（名代にして）売り始めたことに拠るといわれています。落語の方は、搗き米屋に勤める清蔵が吉原の幾代太夫に恋をする話ですから、『耳嚢』の内容とかなり違います。

ところで、『耳嚢』には「幾世餅」は江戸浅草御門内の藤屋が元祖だったとも書かれています。そのため、藤屋と小松屋の間で、商標権の争いが生じます。これを、見事に裁いたのがあの名奉行の大岡越前守でした。どう裁いたかは……、『耳嚢』をお読みください。

薩摩藩のお家騒動の裏に呪術が――直木三十五『南国太平記』

名前が知られているという意味ですと、直木三十五（一八九一～一九三四）の長編時代小説『南国太平記』（一九三一年）に、次のような一節があります。

「周章てて、益満の方へ、走り寄った。益満は、もう群集の外へ出て、群集に、見送られながら、小太郎と、足早に歩きかけていた。『あら、何奴で』と、職人が、小藤次に聞いた。『あれが――益満って野郎だ。芋侍の中でも、名代のあばれ者で、二十人力って――』」（手首に怨む・一ノ七）

直木三十五の名前は知らなくても、大衆文学の賞、直木賞はご存じでしょう。この賞は、文藝春秋社を主宰していた菊池寛が、旧友直木三十五の業績を記念して創設したものです。

その直木の代表作『南国太平記』は、幕末の薩摩藩で起きた「お由羅（良）騒動」を題材とした時代小説です。「お由羅（良）騒動」とは、薩摩藩主島津斉興の後継をめぐって、斉興の長子斉彬派と、愛妾お由羅の子久光派が対立したお家騒動です。実際のお家騒動も、斉彬の七人の子女が次々と夭折したため、子の久光を世継ぎにしたいと願ったお由羅の呪詛によるものだと疑われたのですが、『南国太平記』も呪術をめぐる伝奇小説です。

引用文に登場する益満とは薩摩藩士の益満休之助のことです。益満は後に西郷隆盛の指示で江戸擾乱を行い、徳川幕府を挑発する活動を行いました。まさに名の知られた暴れ者だったわけです。「小藤次」は由羅の兄で、妹が久光を産んでから取り立てられた人物です。

三八

畢竟（ひっきょう）

「畢竟」は、ついには、つまり、結局という意味の語です。何だか難しい印象の語ですが、そのはずで、もともとは仏教語だったのです。仏教語では、究極、至極、最終などの意で使われました。「畢」も「竟」も終わるという意味です。「必竟」と書くこともあります。

個人的なことですが、私は若い頃、森鷗外（もりおうがい）、夏目漱石（なつめそうせき）、芥川龍之介（あくたがわりゅうのすけ）などの小説を読んでいて、この語がやたらと出てくるので、いつの間にか覚えてしまいました。何しろ、「畢竟鷗外先生は軍服に剣を下げた希臘（ギリシア）人である」（芥川龍之介『侏儒の言葉』「森鷗外」）

なおき・さんじゅうご【直木三十五】［1891〜1934］小説家。大阪の生まれ。本名、植村宗一。「時事新報」に月評を執筆。のち、時代小説「南国太平記」で流行作家となり、大衆文学の向上に貢献。他に「荒木又右衛門」「楠木正成」など。

などという文章に出会ったのですから。何の前提もなしに、いきなり「畢竟」で始まる文章は、二〇歳前後の私には、なんて大人の文章なんだろうと感じられました。さらに、芥川や鷗外は「畢竟」と書くことが多いのですが、漱石は「必竟」を使うことが多いということを知って、面白いなと思いました。

殉死をめぐる悲劇と人間性の相克——森鷗外『阿部一族』

森鷗外、夏目漱石、芥川龍之介以外にも、「畢竟」を使っている作家は大勢います。でも印象的なのは、芥川が「軍服に剣を下げた希臘人」と評した森鷗外（一八六二〜一九二二）の短編小説『阿部一族（あべいちぞく）』（一九一三年）ではないでしょうか。このような一節です。

「ご恩報じを自分に限ってしなくてはならぬというのは、どういう意味か。言うまでもない、自分は殉死するはずであったのに、殉死しなかったから、命がけの場所にやるというのである。命は何時（なんどき）でも喜んで棄（す）てるが、さきにしおくれた殉死の代りに死のうとは思わない。今命を惜しまぬ自分が、なんで御先代の中陰の果ての日に命を惜しんだであろう。いわれのないことである。畢竟どれだけのご入懇になった人が殉死するという、はっきりした境はない」

『阿部一族』は、肥後国の細川藩を舞台に、殉死をめぐる悲劇的な事件を描いた歴史小説です。藩士の阿部弥一右衛門は、主君の死に際し殉死を願ったのですが許されず生き延びます。ところがそれを卑怯者とそしる声が藩内であがり、切腹してしまいます。するとそれは主君の遺命に背いた行為だとされ、家族も殉死者の遺族とは認められなかったのです。さらにその処置に不満の意を表明した弥一右衛門の長男は、武士であるにもかかわらず、現藩主によって縛り首にされてしまいます。遺された阿部の一族の者たちはこれを不満とし、藩に反抗して屋敷に立てこもり、ついに悲劇が訪れます。

引用文は、屋敷にこもった阿部一族追討の討手として、表門の指揮者を命じられた竹内数馬長政の感慨です。数馬は先代の主君の児小姓（元服前の小姓）で、その後近習となったのですが、主君が死んだときには殉死の沙汰がなかったため、死にたいと思いつつ死ねなかったのです。数馬は自分が討手の一方の指揮者を命じられたのは、大目付の林外記が藩主に進言したためと知って、討ち死にを決意します。外記は進言の際に、数馬にご恩報じをさせると言ったということを聞いたからです。ご恩報じとは、恩を忘れずに報いさせるということですが、この場合は殉死させなかった恩に報いさせるということになります。殉死の沙汰がなかったために生き延び、それを負い目に感じていた数馬にとって、外記の言は武士の尊厳を踏みにじるものでした。まして外記は、藩主に阿部一族の処分を進言した人物でもあったのです。『阿部一族』は、殉死の問題だけでなく、それをめぐる人々の人間性の相克をも描いています。

もり・おうがい【森鷗外】［1862～1922］小説家・評論家・翻訳家・軍医。島根の生まれ。本名、林太郎。別号、観潮楼主人など。森茉莉の父。陸軍軍医としてドイツに留学。軍医として昇進する一方、翻訳・評論・創作・文芸誌刊行などの多彩な文学活動を展開。晩年、帝室博物館長。翻訳「於母影（おもかげ）」「即興詩人」「ファウスト」、小説「舞姫」「青年」「雁」「ヰタ・セクスアリス」「阿部一族」「高瀬舟」「渋江抽斎」。

筆舌（ひっぜつ）に尽（つ）くしがたい

「筆舌」は、文章に書くことと口で言うことという意味で、「筆舌に尽くしがたい」で、ものごとの程度がはなはだしいため、文章や口では表現できないという意味になります。

近世初期に、日本イエズス会がキリシタン宣教師の日本語習得のために刊行した『日葡辞書』（一六〇三～〇四年）という辞書があります。三万余語の日本語を収録し、それにポルトガル語で説明を施しているのですが、そこにも「ヒツゼツニツクシガタイ（原文はローマ字）」が載っています。

「戦犯作家」が淡々と描く地獄のインパール作戦――火野葦平『青春と泥濘』

「筆舌に尽くしがたい」は、火野葦平（一九〇七～六〇）の長編小説『青春と泥濘』（一九四九年）で、次のように使われています。

「筆舌につくしがたい困難と労苦のはて、爆破隊は任務を果たした。マイバムという敵の戦車基地で、敵のM2重戦車群を粉砕した。大成功といってよかった。ところが、実際に粉砕されたのは、敵の戦車でも、敵の作戦でもなく、僕等兵隊であり、そして、兵隊たちの精神であった」（一七　地獄の門）

火野葦平は、まさに戦争に翻弄（ほんろう）された作家でした。一九三七年に『糞尿譚（ふんにょうたん）』で芥川賞を受賞しますが、日中戦争に応召中だったため、陣中で授与式が行われました。ついで、日中戦争の徐州（じょしゅう）作戦に報道部員として参戦した際の従軍記『麦と兵隊』（一九三八年）は大きな反響を呼び、兵隊作家と呼ばれて流行作家となりました。ところが戦後は一転して、戦争責任を厳しく指弾され、戦犯の汚名を着せられたのです。

戦後に書かれた『青春と泥濘』は、インパール作戦に作者が従軍した際の記録がもとになっています。インパール作戦とは、太平洋戦争の末期、日本軍による東インドのインパールに対する進攻作戦のことです。チャンドラ・ボース首班の自由インド仮政府とともに進攻した日本軍ですが、イギリス・インド軍の強力な反撃と補給路が途絶えたことにより、次第に守勢に回り、戦闘だけでなく飢えと病気により多数の将兵を失ったのです。日本軍の戦略的な失敗として知られた作戦です。

『青春と泥濘』はこのインパールからの撤退戦で、病気と飢えとの戦いを強いられていた兵隊の姿を、淡々とした筆致で描いた作品です。作者の主眼は、兵隊として任務を全うする姿を描くことではなく、過酷な戦況にあってもひたすら己の生を生きようとする人間の姿を描ききることにあったと思われます。

引用文は、そんな兵隊の一人、小宮山敏三上等兵が恋人に宛てて書いた手紙です。小宮山は、敵戦車爆撃隊に志願するのですが負傷して捕虜となり、恋人に届くかどうかわからないこの手紙を書きます。小宮山は、表現しきれないほどの困難を乗り越えて敵の戦車を爆破しましたが、作戦そのものは失敗だったと思っていました。敵には何の影響も与えず、多くの戦友が死んだり負傷したりしたからです。ただ、小宮山は自分にとって爆破作業は大成功だったと考えるのです。それは、戦果を収めたという意味ではなく、自分自身が人間として覚醒したと思えたからです。

戦犯の汚名を着せられた火野ですが、戦後書かれたこの小説では声高に反戦を唱えることなく、兵士として青春を奪われ、泥濘にまみれた過酷な戦場の中で、それぞれの意志によって人間としての尊厳を獲得していく人々の姿を描こうとしている気がします。

ひの・あしへい【火野葦平】
［1907〜1960］小説家。福岡の生まれ。本名、玉井勝則。日中戦争に兵士として従軍中に、「糞尿譚（ふんにょうたん）」で芥川賞受賞。他に「麦と兵隊」「花と竜」など。

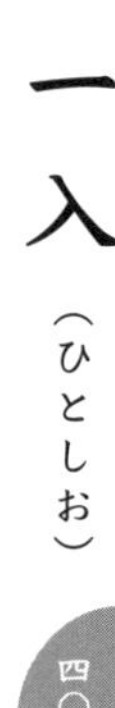

一入（ひとしお）

四〇

「ひとしお」は、ひときわ、いっそうという意味です。「しお」は「塩」のことではなく、接尾語で、色を染めるときに布を染料に浸す度数を数えるのに用いた語です。「一入」と書きますから、染め物を染汁に一回入れて浸すことだったのです。染料に一回浸すといっそう美しくなる、ということから生まれた意味なのかもしれません。

ところで、「ひとしお」の「しお」という接尾語ですが、酒を醸造するとき、醸（かも）す回数をいうことばでもありました。薄田泣菫（すすきだきゅうきん）（一八七七〜一九四五）に、「ああ大和にしあらましかば」（『白羊宮（はくようきゅう）』所収）という詩があるのですが、その中に、

「焚きくゆる香ぞ、さながらの八塩折（やしおおり）／美酒（うまき）の甕（みか）のまよはしに、／さこそは酔はめ。」

という一節があります。「ああ大和にしあらましかば」という詩題は、ああ私が大和にいたならば、という意味です。

「八塩折」は「美酒」の枕詞のような用法ですが、「塩」は「入（しお）」、「折」は何度も繰り返すということです。ここでは何度も醸された芳醇（ほうじゅん）な美酒といった意味です。この詩は、法隆寺がある大和の斑鳩（いかるが）付近には、人を酔わせる永遠の芸術美があり、それに酔おうではないかといっているのです。

「平家滅亡」を背景にしたもう一つの悲恋物語——高山樗牛『滝口入道』

明治時代の文学者で評論家でもあった高山樗牛（たかやまちょぎゅう）（一八七一～一九〇二）には、若いときに（といっても樗牛は三一歳の若さで逝去するのですが）書いた『滝口入道（たきぐちにゅうどう）』（一八九四年）という小説があります。その中で「ひとしお」は次のように使われています。

「頃は長月の中旬すぎ、入日の影は雲にのみ残りて野も山も薄墨を流せしが如く、月未だ上らざれば、星影さへも最と稀なり。袂に寒き愛宕下しに秋の哀れは一入深く、まだ露下りぬ野面に、我が袖のみぞ早や沾ひける」（一八）

『滝口入道』は、『平家物語』に材を得た歴史小説で、滝口の武士である斎藤時頼と中宮の下級の女官、横笛の悲恋を描いた作品です。滝口は清涼殿の東北にあった御溝水の落ちる所で、ここに内裏警護の武士の詰所があり、時頼はそこに所属していました。六波羅一の剛の者といわれた時頼は、平清盛ら平家一門が集まった花見の宴で舞を舞った横笛を見初めます。ところが、その恋は家門の恥と言われてしまうのです。横笛は身分の低い女官だったからです。そのため時頼は、平家の恩義を捨てて仏門に入ってしまいます。

引用文は時頼の真情を知った横笛が、出家した時頼を嵯峨野まで訪ねていく場面です。擬古文なのでいささか読みにくいかもしれませんが、時頼のもとに行こうと決意した横笛の心情が伝わってくる文章です。でも横笛は時頼につれなくされ、やがて消息を断ってしまいます。後に僧となった時頼が教えを広めるために各地をまわっていた折に、深草の里に恋塚と呼ばれる塚があることを知ります。そしてその塚のあるじこそ、嵯峨野に思いを寄せる人がいたのにかなわず尼となり、この地で病に伏せって命を落とした横笛のものだったのです。後に時頼は、平家一門が滅亡するのに合わせて腹をかき切ってしまいます。

たかやま・ちょぎゅう【高山樗牛】［1871～1902］評論家。山形の生まれ。本名、林次郎。東大在学中に小説「滝口入道」を発表し、「帝国文学」発刊に参加。「太陽」を主宰。日本主義を唱えた。のちニーチェの思想を賛美し、晩年は日蓮に傾倒した。著「美的生活を論ず」「わが袖の記」など。

やおら

「やおら」という語を聞くと、どのような意味だと思いますか。急に、いきなりという意味だと思う人もけっこういるでしょうね。でも、「やおら」の本来の意味はその逆で、

ゆっくりと動作を起こすさまをいうのです。

「やおら」のように、音にだまされやすい語に「押っ取り刀」もあります。佐々木味津三（一八九六〜一九三四）の連作時代小説『右門捕物帖』（一九二八〜三二年）に、

「居合わした五人の遊芸人たちは、いっせいにおっ取り刀で駆けだしてくると、ぎらり刃ぶすまを作りながらその行く手をさえぎって、中なる年かさの一人が鋭く叫びました」（「耳のない浪人」）

とあるように使います。これは五人の遊芸人たちは、急な出来事で刀を腰に差す時間もなく手に持ったまま、慌てて駆け出したという意味です。「やおら」とは正反対の意味なのですが、この「おっとり」がくせものでして、「のんびり」だと思い込んでいる人が多い語なのです。ただ、「押っ取り刀」は「やおら」に比べて最近はあまり使われることがなくなり、『右門捕物帖』もそうですが、時代小説の中でしかお目にかかれないことばになっているのかもしれません。別に刀は持っていなくてもいいのですが。

人の生き血で染めた布に操られる未完の幻想小説——国枝史郎『神州纐纈城』

国枝史郎（一八八七～一九四三）は伝奇性に富んだ小説を数多く書いた作家ですが、その中の『神州纐纈城』（一九二五～二六年）という伝奇時代小説の中で、「やおら」は次のように使われています。

「武田家の家例として楯無しの鎧はその夜の中に——しかも深夜丑の刻に信玄親しく附き添って宝蔵へ納めなければならなかった。で、規定の時刻が来るとやおら信玄は立ち上がった」（第四回・三）

信玄とはもちろん武田信玄のことです。ここでは信玄は決まった時刻に、ゆっくり、おもむろに立ち上がったというのです。「家例」はその家に代々伝わる特別なしきたりのこと、「楯無しの鎧」は、盾を必要としない堅固なよろいという意味で、武田家相伝のよろいのことです。『神州纐纈城』は、主人公の土屋庄三郎が、血のような色の布と出会ったことから、それに導かれるようにして出会う摩訶不思議な世界を描いた作品です。この布は、富士山麓の本栖湖の湖底の城「纐纈城」で、人の生き血によって染められたものでした。これだけで、この小説がどのような作品か想像できますね。

「やおら」は、「やはら（柔）」と同源の語という説もあるくらいで、ゆっくりと動作を起こすさまや、徐々に事を行うさまを表す語です。にもかかわらず、急に、いきなりの意味だと思っている人がいるというのはどうしたわけなのでしょうか。ひょっとすると、語の音から受ける印象で、急に、いきなりの意味だと感じてしまうのかもしれません。それと、このことばの意味がわからない人が増えていることもあるのかもしれません。そのため、まったく正反対の、急にという意味だろうと考えてしまうのでしょう。確かに引用文の信玄も、急に立ち上がったと理解しても（もちろん間違った解釈ですが）、不自然には感じられないかもしれません。でも繰り返しますが、「やおら」にはゆっくりという意味しかないのです。

くにえだ・しろう【国枝史郎】［1887〜1943］小説家。長野県の生まれ。劇作家として世に出たが、後に長編「蔦葛木曽棧」で作家生活に入り、伝奇性に富んだ小説を数多く書いて人気を得た。他に「神州纐纈城」など。

杳（よう）として

四二

「杳として」は、暗くてよくわからないさま、また、事情などがはっきりしないさまをいいます。「杳」は、奥深く暗い、よく見えない、はるかという意味の漢字です。私がこの字を「よう」と読むと知ったのは、古井由吉（一九三七〜二〇二〇）の芥川賞受賞作『杳子』（一九七一年）によってでした。「杳子」は主人公の名前です。実際に「杳子」という名の人がいるかどうかわかりませんが、漢字の意味を考えるとすごい名前だと思いました。

「常しえ」（P58）で引用した萩原朔太郎の詩「帰郷」には、「昭和四年の冬、妻と離別し二児を抱へて故郷に帰る」という文章が添えられていると書きました。この詩が収録されている詩集『氷島』（一九三四年）には、さらに朔太郎自身による「詩篇小解」が付載されています。そこに、

「昭和四年。妻は二児を残して家を去り、杳として行方を知らず。我れ独り後

に残り、蹌踉として父の居る上州の故郷に帰る」

とあります。この年（昭和四年）、朔太郎は奔放な性格だった妻と離縁しています。ただし、「杳として行方を知らず」というのは、いささか脚色があるようです。心境としては、そのようなものだったのかもしれませんが。

隻眼隻腕のニヒルな剣士が妖刀をめぐり大活劇――林不忘『丹下左膳』

林不忘（一九〇〇～三五）の時代小説『丹下左膳　乾雲坤竜の巻』（一九二七～二八年）で、「杳として」は次のように使われています。

「もとより恋の流れに棹さしていさえすればよい栄三郎ではなかった。若い血のときめきと武門の誓い！　お艶と乾雲！　この一つのために他を棄てさることのできないところに栄三郎の悶えは深かったのだ。毎夜のように首尾の松の下に立って、河へ石を三つなげて泰軒に会ってはくるが、お艶の行方も乾雲丸

の所在も、せわしない都に呑まれ去って杳として知れなかった」（緑面女夜叉）

『丹下左膳　乾雲坤竜の巻』は、乾雲丸、坤竜丸という大小一対の名刀をめぐる争奪戦を描いた作品です。この一対の刀は同じところに収まっているときは何ともないのですが、ひとたび離れてしまうと、持つ者を殺人鬼と化してしまう妖刀でした。そして、乾雲丸を手にしたのが、丹下左膳だったのです。左膳は隻眼隻腕のニヒルな剣士です。左膳は妖刀乾雲丸の魔力によって、江戸の夜を血に染めるようになります。この左膳と妖刀の争奪戦を繰り広げるのが、引用文に登場する美剣士諏訪栄三郎です。栄三郎はやはり引用文に名のある蒲生泰軒の協力を得て乾雲丸を探し求めますが、そのありかはどうしてもしれなかったのです。そして、恋仲にあった三社前の水茶屋当り矢の女お艶も行方不明になり、所在がわからなくなります。『乾雲坤竜の巻』は、登場人物の恋のさや当ても絡んで話に色を添えています。

ところでこの小説は、発表したときは『新版大岡政談』というタイトルでした。不忘はオリジナルの「大岡政談」を書くに当たって、自ら生み出した丹下左膳という個性的なキャラクターを配したのです。そのため、ラストではお約束のいわゆる大岡裁きも描かれていますが、脇役だった丹下左膳が人気を博したため、後に「丹下左膳」を使った書名に改題したのです。

はやし・ふぼう【林不忘】［1900〜1935］小説家。新潟の生まれ。本名、長谷川海太郎。谷譲次・牧逸馬（まきいつま）の筆名でも作品を発表。時代小説「丹下左膳（たんげさぜん）」のほか、谷譲次名義の「テキサス無宿」、牧逸馬名義の家庭小説「地上の星座」などがある。

由無（よしな）い（文語は「由なし」）

四三

「由ない」の「由」は、理由、口実、手掛かり、手段、関係、風情、家柄、身分、教養などといったさまざまな意味がありますが、「由ない」は早い話、それらがないということです。そのため、使われる文章によっていろいろな意味になります。

平安時代中期に清少納言（せいしょうなごん）が書いた『枕草子（まくらのそうし）』には、次のような文章があります。

「待つ人ある所に、夜（よ）すこしふけて、しのびやかに門（かど）たたけば、胸すこしつぶれて、人出（い）だして問はするに、あらぬよしなき者の名のりして来たるも、かへすがへすもすさまじといふはおろかなり」（すさまじきもの）

ここでの「よしなき」は、関係のないという意味です。待つ人があるときに、夜が少し更けてからそっと門をたたくので、胸が少しどきっとして人を出して尋ねさせると、別の関係のない人が名のってやって来たのも、返す返すも興ざめなことはいうまでもないといっているのです。確かにその通りですね。「すさまじきもの」の「すさまじき」とは、不調和で面白くない、興ざめだという意味です。

島崎藤村（しまざきとうそん）（一八七二～一九四三）の詩集『落梅集（らくばいしゅう）』（一九〇一年）に収録されている詩「小諸なる古城のほとり」（一九二七年の『藤村詩抄』で、「千曲川（ちくまがわ）旅情の歌　一」に改題）には、

「緑なす蘩蔞（はこべ）は萌えず、若草も藉（し）くによしなし」

という一節があります。「藉く」は「敷く」と同じで、ここでの「よしなし」は、若草も敷物にするすべがない、つまりその上に腰を下ろせるほどではないという意味です。

若きエリート官僚のベルリンでの恋と挫折——森鷗外『舞姫』

森鷗外（一八六二～一九二二）の『舞姫』（一八九〇年）では、「由ない」は次のように使われています。

「嗚呼、独逸に来し初に、自ら我本領を悟りきと思ひて、また器械的人物とはならじと誓ひしが、こは足を縛して放たれし鳥の暫し羽を動かして自由を得たりと誇りしにはあらずや。足の糸は解くに由なし。曩にこれを繰つりしは、我某省の官長にて、今はこの糸、あなあはれ、天方伯の手中に在り」

『舞姫』は、ベルリンを舞台にした、留学生で日本の若きエリート官僚太田豊太郎と貧しい踊り子エリスとの、愛とその挫折の物語です。この作品を高校の国語で習ったというかたも多いでしょう。

恋仲になった二人は屋根裏部屋で新生活を始めるのですが、仲間の告げ口により豊太郎は免官され、新聞の原稿を書いて生活費を稼ぐ日々が続きます。やがて豊太郎は、親友相沢の計らいで、ベルリンを訪れた天方伯（大臣）に従って帰国できることになります。そのためにはエリスを捨てねばならず、引用文はそんな豊太郎の心の葛藤を描いた部分です。この「由なし」は、束縛から逃れるすべがないという意味です。この部分、豊太郎の身勝手さを感じてしまうのは私だけでしょうか。何しろ事情を知った妊娠中のエリスは、精神に異常をきたしてしまうのですから。

よしんば

「よしんば」は、たとえそうであったとしても、仮に、という意味で使います。
個人的なことなのですが、私は萩原朔太郎（はぎわらさくたろう）（一八八六～一九四二）の詩によって、この

ことばを強く意識した記憶があります。朔太郎の第一詩集『月に吠える』（一九一七年）に収録された「恋を恋する人」と題された詩です。

「わたしはくちびるにべにをぬつて、／あたらしい白樺の幹に接吻した、／よしんば私が美男であらうとも、／わたしの胸にはごむまりのやうな乳房がない、」

「よしんば」は、この詩の冒頭部分で使われているのですが、「よしんば（＝仮に）」美男であっても、「ごむまりのやうな乳房がない」っていったい……。何て倒錯した感覚なのだろう、と思ったのです。「よしんば」は私の中でそんな出会いのあったことばでした。

無理心中する娼婦を通して描く下層社会の悲劇——樋口一葉『にごりえ』

「よしんば」は、どちらかといえば古風なことばですから、文語調の文体によく合います。擬古文で書かれた樋口一葉（一八七二〜九六）の小説『にごりえ』（一八九五年）でも、次のように使われています。

「これまでの履歴はといふに貴君には言はれぬといふ、まあ嘘でも宜いさよしんば作り言にしろ、かういふ身の不幸だとか大底の女はいはねばならぬ、しかも一度や二度あふのではなしその位の事を発表しても子細はなからう、よし口に出して言はなからうともお前に思ふ事がある位めくら按摩に探ぐらせても知れた事、聞かずとも知れてゐるが、それをば聞くのだ」（三）

『にごりえ』は、「新開」と呼ばれた銘酒屋街の菊の井という店に抱えられていたお力という娼婦が主人公です。銘酒屋は、銘酒を売るという看板をあげて、ひそかに売春をさせていた遊女屋です。お力は菊の井の一枚看板でしたが、彼女をめぐって二人の男性が登場します。富裕な結城朝之助と、もとは布団屋でしたが落ちぶれて工事の手伝いをしながら裏長屋で妻子を養っている源七の二人です。

引用文は、お力が朝之助と店の二階の小座敷にいるところです。話し掛けても、お力はうるさそうに生返事をして何やら考え込んでいる様子でしたので、朝之助は引用文のように言うのです。後に、お力は源七と無理心中して果てます。『にごりえ』は、下層社会の悲劇を描いた作品で、絶望感にとらわれたお力の姿には、作者自身の人生観が反映しているようです。

「絆（ほだ）される」（P265）で引用した有島武郎（ありしまたけお）の長編小説『或（あ）る女』（一九一九年）でも、「よしんば」を主人公葉子の強烈な思いの中で使っています。葉子は渡米した折に乗船した船の事務長倉地の野性味あふれた姿に心ひかれ身を任すのですが、やがて倉地は日本の軍事上の機密を外国に漏らしたとされ、姿をくらまします。そして彼には二人も外妾（がいしょう）がいたと新聞に書かれ、葉子もそれを知ってしまうのです。

「よしんば妾（めかけ）が幾人あってもそれもどうでもよかった。ただすべてがむなしく見える中に倉地だけがただ一人ほんとうに生きた人のように葉子の心に住んでいた。互いを堕落させ合うような愛しかたをした、それも今はなつかしい思い出だった」（四七）

このように考える葉子は、病院のベッドで子宮後屈症の手術を待つ身でした。そして手術の三日後に葉子の容態は急変します。

よすが

四五

「よすが」は、身や心などを寄せて頼りとすることや、ゆかりとすることをいいます。

「寄す処（か）」の意からだといわれています。漢字では「縁」「因」「便」などと書きます。

平安時代中期の清少納言（せいしょうなごん）は、『枕草子（まくらのそうし）』の中でこのようなことを書いています。

ひぐち・いちよう【樋口一葉】
［1872～1896］小説家・歌人。東京の生まれ。本名、なつ。中島歌子に和歌を学び、半井桃水（なからいとうすい）を小説の師とした。「文学界」の同人と親交。民衆の哀歓を描き、独自の境地を示した。小説「たけくらべ」「にごりえ」「十三夜」など。

ありしま・たけお【有島武郎】
［1878～1923］小説家。東京の生まれ。有島生馬（いくま）・里見弴（さとみとん）の兄。「白樺」の創刊に参加。大正12年（1923）「宣言一つ」に自己の立場を表明したのち、愛人と情死。作「或る女」「生れ出づる悩み」「カインの末裔」「惜みなく愛は奪ふ」など。

「四月のつごもり、五月のついたちのころほひ、橘の葉の濃く青きに〈略〉郭公（ほととぎす）のよすがとさへ思へばにや、なほさらに言ふべうもあらず」（木の花は）

四月の月末か五月の月初めの頃に、タチバナの葉が濃く青いところに、ホトトギスが身を寄せる所だと思うからだろうか、やはり改めて言う必要のないほどの素晴らしさだ、という意味です。タチバナは日本に野生していたかんきつ類で、古くからホトトギスと取り合わせて歌に詠まれてきました。清少納言はそのことを言っているのです。

ところで、引用文では「郭公」に「ほととぎす」という振り仮名を付けましたが、「かっこう」ではないかと思ったかたもいらっしゃるかもしれませんね。日本では古くから「ほととぎす」に「郭公」という字を当てていました。「かっこう」を「郭公」と表記するようになるのは、近代に入ってからのことです。

人々のためにトンネルを掘る親の仇——菊池寛『恩讐の彼方に』

「よすが」には、手掛かり、手だて、方法といった意味もあります。菊池寛（きくちかん）（一八八八

〜一九四八）の小説『恩讐の彼方に』（一九一九年）にその意味の「よすが」が使われています。

「かかる半死の老僧の命を取ることが、なんの復讐であるかと、実之助は考えたのである。が、しかしこの敵を打たざる限りは、多年の放浪を切り上げて、江戸へ帰るべきよすがは、なかった。まして家名の再興などは、思いも及ばぬことであったのである」（四）

『恩讐の彼方に』は、かつて旗本の家来だった了海と、その主人の旗本の遺児実之助の物語です。了海は、主人の愛妾と密通し、それが主人にばれたため手打ちにされそうになったのですが、逆に主人を殺害してその愛妾とともに出奔してしまいます。主人の家は取りつぶされ、遺された実之助は成長の後、諸国を遍歴して親の仇を探し求めます。そしてとうとう大分県北西部を流れる山国川で、目指す仇と巡り合えたのです。

引用文は、実之助と了海が初めて出会った場面です。実之助は「人間の残骸」ともいうべき了海の姿、己の罪を悪びれずに認めた態度に衝撃を受けます。そして今まで抱いていた憎しみがいつの間にか消え失せているのを感じます。しかし実之助は見事仇討(あだう)ちを果たさなければ、江戸に戻る「よすが」、つまり方法はなかったのです。

そのような実之助ですが、了海がこの地で、二〇年近くひたすら「刳貫(こうかん)」（トンネルのこと）の掘削を行っていたことを知ってしまいます。それは足を踏み外して命を落とす通行人が後を絶たなかった難所を見かねてのことでした。実之助は居合わせた人々に懇願され、完成まで仇討ちを待つことにします。やがて、洞窟を揺がせるその力強い槌(つち)の音を聞いた実之助は工事を手伝うようになります。

『恩讐の彼方に』は、江戸中期の禅僧真如庵禅海(しんにょあんぜんかい)による豊前(ぶぜん)国耶馬渓(やばけい)の「青ノ洞門」開削の史実に取材した作品です。

きくち・かん【菊池寛】［1888〜1948］小説家・劇作家。香川の生まれ。本名、寛(ひろし)。第三次・第四次「新思潮」同人。文芸家協会の設立に尽力し、雑誌「文芸春秋」を創刊。のち、芥川賞・直木賞を制定した。小説「恩讐の彼方に」「藤十郎の恋」「真珠夫人」、戯曲「屋上の狂人」「父帰る」など。

第四章

感情表現

〈四六〜七四〉

懇（ねんご）ろ

＝心を込めてするさま、親身であるさま、熱心であるさま、丁寧であるさま

「私の上に降る雪に／いとねんごろに感謝して、神様に／長生したいと祈りました」

——中原中也『山羊の歌』より

哀歌（あいか）

「哀歌」は、悲しい心情を表した詩歌のことです。私がこの語を知ったのは、おそらく詩人の伊東静雄（一九〇六～五三）の第一詩集『わがひとに与ふる哀歌』（一九三五年）からだろうと思います。書名の素晴らしさに心ひかれたのです。

「哀歌」は詩歌のことですから、詩題でもよく使われます。彫刻家で詩人だった、高村光太郎（一八八三～一九五六）の詩集『智恵子抄』（一九四一年）に収められた「レモン哀歌」はご存じのかたも多いでしょう。詩の前半は、

「そんなにもあなたはレモンを待つてゐた／かなしく白くあかるい死の床で／わたしの手からとつた一つのレモンを／あなたのきれいな歯ががりりと噛んだ／トパアズいろの香気が立つ／その数滴の天のものなるレモンの汁は／ぱつとあなたの意識を正常にした」

というものですが、私も、「がりりと噛んだ」とか「トパアズいろの香気」という表現が本当にすごいと思った記憶があります。『智恵子抄』は、亡き妻智恵子との愛を歌った詩集です。

また「哀歌」は、キリスト教に詳しいかたでしたら、『旧約聖書』中の一編、預言者エレミヤがエルサレムの荒廃を嘆いて歌ったとされるいわゆる「エレミヤ哀歌」（現在は別人の作と考えられていて、単に「哀歌」と呼ばれています）を思い出すかもしれませんね。「哀歌」の同義語に「悲歌（ひか）」という語があります。詩人で小説家の原民喜（はらたみき）（一九〇五～五一）の詩集『原民喜詩集』（一九五一年）には、そのものずばり「悲歌」という詩があるのですが、「讃歌」という詩には、

「まだ邂逅したばかりなのに既に別離の悲歌をおもはねばならぬ私／『時』が私に悲しみを刻みつけてしまつてゐるから／おんみへの讃歌はもの静かにつづられる」

という一節があります。「おんみ」とは、鉄道自殺した原が自殺する少し前に知り合った、

若いタイピストの祖田祐子のことだろうと思われます。だから「まだ邂合したばかり」なのです。原の彼女宛ての遺書は、「祐子さま　とうとう僕は雲雀になって消えて行きます」という書き出しです。そして、詩「悲歌」が同封されていたそうです。

愛する者を葬った山々への思い――堀辰雄『黒髪山』

堀辰雄（一九〇四〜五三）は、『黒髪山』（一九四一年）という短いエッセーの中で、「哀歌」を次のように使っています。

「いまから千年以上も前、それらの山々に愛する者を葬った万葉の人々が、そのとき以来それまで只ぼんやりと見過ごしていたその山々を急に毎日のように見ては歎き悲しみ、その悲歎の裡からいかにその山が他の山と異り、限りないそれ自身の美しさをもっていることを見出して行ったであろう事などを考えていると、現在の自分までが何かそういう彼等の死者を守っている悲しみを分かちながらいつかそれらの山々を眺め出しているのだった。そういうこちらの気のせいか、大和の山々は、どんなに小さい山々にも、その奥深いところに何か哀歌的なものを潜めている」

「黒髪山」は、堀がエッセーの中で書いているように『万葉集』に歌われた山です。ただ、所在がはっきりしません。奈良北方の佐保（さほ）山に続く丘陵地だったと推定されていて、堀も見当がつかないままその付近をうろうろと歩き回るのでした。

ほり・たつお【堀辰雄】
［1904〜1953］小説家。東京の生まれ。芥川竜之介に師事。フランス文学、特に心理主義的手法の影響を受け、知性と叙情の融合した独自の世界を築いた。作「聖家族」「風立ちぬ」「菜穂子」「美しい村」など。

抗（あらが）う

「あらがう」は、相手の言うことを否定して自分の考えを言い張る、また、力ずくで張

り合う、抵抗するという意味のことばです。

鎌倉末期の兼好法師の随筆『徒然草(つれづれぐさ)』第七三段は、「世に語り伝ふる事、まことはあいなきにや、多くは皆虚言(そらごと)なり」と、世間で語り伝えていることは、真実のままでは面白くないのであろうか、たいていは、みなうそ偽りである、というかなり手厳しい文章で始まるのですが、さらに、

「我がため面目あるやうに言はれぬる虚言は、人いたくあらがはず」

という文があります。自分のために名誉となるように他人から言われたうそは、言われた人はあまり言い争って否定したりしない、という意味です。この第七三段は、世の中に蔓延(まんえん)しているうそがどのように広まっていくのか考察したもので、現代にも通じる示唆に富んだ内容です。

ただ、「徒然草」のこの例は、「あらがう」をあまり強い意味では使っていないようです。

高原のサナトリウムでの生と幸福の模索――堀辰雄『風立ちぬ』

「あらがう」のもつ、力を尽くして抵抗するという強い意味を象徴的に使った作品が、堀辰雄（一九〇四〜五三）の『風立ちぬ』（一九三六〜三八年）でしょう。次のように使っています。

> 「一つの主題が、終日、私の考えを離れない。真の婚約の主題――二人の人間がその余りにも短い一生の間をどれだけお互に幸福にさせ合えるか？　抗いがたい運命の前にしずかに頭を項低れたまま、互に心と心と、身と身とを温め合いながら、並んで立っている若い男女の姿――そんな一組としての、寂しそうな、それでいて何処か愉しくないこともない私達の姿が、はっきりと私の目の前に見えて来る」（冬）

『風立ちぬ』は、高原のサナトリウムを舞台に、主人公の「私」が、結核を罹患した婚約者の節子の病床に寄り添いながら、死にさらされた自分たち二人にとっての生の意味と、幸福の証(あかし)とを模索する姿を描いた作品です。作品の冒頭に引用されている、堀自身が翻訳したフランスの詩人ポール・バレリーの詩句「風立ちぬ、いざ生きめやも」は有名ですので、ご存じのかたも多いでしょう。

『風立ちぬ』は、結核という当時としては「抗いがたい運命」であるものの前に、「餘りにも短い一生の間をどれだけお互に幸福にさせ合えるか?」ということが、小説全体の重要なテーマでもあったのです。「私」は節子に先立たれ、一年後の冬に外国人の別荘があちこちに建つK…村（軽井沢）にやってきます。その村には外国人が「幸福の谷」と名付けた小さな谷があったのですが、一人暮らしを始めた「私」は、その谷を「死のかげの谷」と呼んだ方が自分にはふさわしいと考えるほど、心が傷ついていました。でも、そこでの暮らしを続けるうちに「私」は自分が孤独で生きて行かれるのは、節子のおかげだということに気づくのです。そして、風のざわめきを感じながら、それを確信するのです。バレリーの詩句がここでつながるわけです。

いかばかり

四八

「いかばかり」は、疑問文や推量文の中で、どれほど、どんなにか、いったいどのくらい、という意味で使う語です。たとえば「遺(のこ)された者たちの悲しみはいかばかりであろうか」のように。古くから使われている語です。

平安時代初期のかぐや姫が主人公の『竹取物語』には、次のような文章があります。

「さて、かぐや姫のかたちの、世に似ずめでたきことを、帝聞(みかどきこ)しめして、内侍(ないし)中臣(なかとみ)のふさ子にのたまふ、『多くの人の身をいたづらになしてあはざなるかぐや姫は、いかばかりの女ぞと、まかりて、見て参れ』とのたまふ」

『竹取物語』は、仮名文による最初の物語文学ですが、その冒頭の「いまはむかし、竹取の翁(おきな)といふものありけり」という文は聞いたことがあるでしょう。

引用文は、帝(みかど)がかぐや姫の容貌が世に類いなく美しいことをお聞きになって、内侍の中臣ふさ子に見届けてこいと命じる場面です。大勢の男の身をだめにして、それでも結婚しないかぐや姫とはいったいどれほどの女なのか出掛けて見てこい、という意味です。竹取の翁が竹の中から得たかぐや姫は美しい娘に成長して、五人の貴公子から求婚されます。ところがそれに対して難題を突きつけて失敗させ、さらには帝のお召しにも応ぜず、八月十五夜に月の世界に去ってしまうのです。

片恋の女性への思いを吐露したデビュー作——萩原朔太郎「夜汽車」

「いかばかり」は古語ですが、現代でも使われています。詩人の萩原朔太郎（一八八六～一九四二）に「夜汽車」という詩があります。「有明のうすらあかりは　硝子戸に指のあとつめたく」と始まるのですが、詩の後半に「いかばかり」が出てきます。

「あまたるきにすのにほひも／そこはかとなきはまきたばこの烟さへ／夜汽車にてあれたる舌には侘しきを／いかばかり人妻は身にひきつめて嘆くらむ。／まだ山科は過ぎずや／空気まくらの口金をゆるめて／そつと息をぬいてみる女

ごころ／ふと二人かなしさに身をすりよせ／しののめちかき汽車の窓より外を
ながむれば／ところもしらぬ山里に／さも白く咲きてゐたるをだまきの花。」

「夜汽車」という詩は、朔太郎が一九一三年に北原白秋（きたはらはくしゅう）主宰の文芸雑誌「朱欒（ザンボア）」に初めて発表した詩の一編で、原題は「みちゆき」といいます。このときに発表した詩が、朔太郎の詩壇デビュー作だったのです。この詩は『純情小曲集（じゅんじょうしょうきょくしゅう）』（一九二五年）という詩集に収められています。

　詩の中に見える「人妻」は、朔太郎が思いを寄せていた女性だといわれています。その女性は「エレナ」（本名、馬場仲子。結婚して佐藤仲子、佐藤ナカとも）と呼ばれ、朔太郎にはこのエレナに対する思いを吐露したとされる詩や短歌が何編かあります。この詩も、夜汽車で駆け落ちをするさまを描いているようですが、二人の関係は朔太郎の一方的な思い、すなわち「片恋」で終わるのです。この詩の夜汽車の車中の情景もおそらく仮構といいますか、そういってしまっては身も蓋もないのですが、妄想に近いものでしょう。でも、車内の物憂い空気が、何ともいえない切なさとともに伝わって来るような詩です。

はぎわら・さくたろう【萩原朔太郎】［1886〜1942］詩人。群馬の生まれ。「月に吠える」「青猫」の2詩集を出して口語自由詩による近代象徴詩を完成、以後の詩壇に大きな影響を与えた。他に詩集「純情小曲集」「氷島」、詩論「詩の原理」、アフォリズム集「新しき欲情」「虚妄の正義」など。

遺憾（いかん）

四九

「遺憾」は、思い通りにいかなくて、心残りであることをいいます。政治家がよく「遺憾に思う」と言いますが、決して政治用語ではありません。簡単に言えば、残念に思う、という意味です。この意味から、釈明をしたり、抗議や非難をしたりするときに使われるようになったのです。つまり、自分の側の行為について残念な結果となって申し訳ないと謝罪する場合と、相手の側の行為についてそのようなことをされては残念だという場合の、両方で使われるわけです。政治家が使っているとき、どちらの意味で使っているのか、判断に迷うことが時折あります。まさかそれを狙っているわけではないのでしょうが……。このことばを使うときは、どちらの意味で使っているのか、相手にすぐにわかるようにするという配慮が必要かもしれません。

そして、何よりも手垢（てあか）がついてしまって、この語の本来の意味が失われつつあることが、遺憾でなりません。

『こころ』が苦手だった人にもお薦め――夏目漱石『行人』

夏目漱石（なつめそうせき）（一八六七〜一九一六）の小説『行人（こうじん）』（一九一二〜一三年）では、「遺憾」がとてもわかりやすく使われています。

「私は斯（こ）ういう偶然を利用して此（この）手紙を書くのであります。そうして此偶然を思い掛なく利用する事の出来た自分を、あなたの為に仕合せと考えます。同時に、それを利用する必要を認め出した自分を、自分のために遺憾だと思います」

（塵労・二九）

『行人』は、互いに相手を理解しえない長野一郎と妻のお直の夫婦生活を通して、知識人である主人公の孤独な魂の苦悩を描いた作品です。妻を信じられなくなった一郎は、実弟の二郎に、お直と二人きりで一晩泊まりがけで出掛け、彼女の貞操を試してほしいと頼むほど思い悩んでいました。二郎は拒否するのですが、とうとうお直と二人で旅行し、嵐の中で二人は一晩過ごします。ただ二人の間には何事もありませんでした。しかし一郎は納得せず、一段と心を病んでいきます。そこで二郎は両親と相談のうえ、一郎をその親友のHさんに頼んで旅行に連れ出してもらい、旅行中の一郎の様子を手紙に書いて送ってほしいと頼むのです。

引用文はそのHさんによる長い手紙の冒頭の部分です。頼まれはしたものの、一郎のことを手紙に書いて送るのは好ましいことではないと思っていたHさんは、自分が手紙を書くことになったことを残念だといっているのです。手紙にはHさんから見た一郎の姿が書かれていますが、一郎は「死ぬか、気が違うか、夫(それ)でなければ宗教に入るか。僕の前途には此三つのものしかない」というところまで追い詰められていました。結局、一郎にとって救いとなるものは見いだせなかったように見えますが、

「私が此手紙を書き始めた時、兄さんはぐうぐう寝ていました。此手紙を書き終る今も亦ぐうぐう寝ています。私は偶然兄さんの寝ている時に書き出して、偶然兄さんの寝ている時に書き終る私を妙に考えます。兄さんが此眠から永久覚さめなかったら嘸幸福だろうという気がどこかでします。同時にもし此眠から永久覚めなかったら嘸悲しいだろうという気もどこかでします」（塵労・五二）

というHさんの手紙の末尾であり、小説のラストでもあるこの部分からは、やがて救いの道が見いだされることを予感させます。

『行人』は、教科書に載ることの多い『こころ』が苦手で（かくいう私もそうでした）、漱石はどうしても好きになれなかったという人にもぜひお薦めしたい小説です。

なつめ・そうせき【夏目漱石】［1867〜1916］小説家・英文学者。江戸の生まれ。本名、金之助。英国留学後、教職を辞して朝日新聞の専属作家となった。自然主義に対立し、心理的手法で近代人の孤独やエゴイズムを追求、晩年は「則天去私」の境地を求めた。日本近代文学の代表的作家。小説「吾輩は猫である」「坊っちゃん」「三四郎」「それから」「行人」「こころ」「道草」「明暗」など。

いかんせん

五〇

「いかんせん」は、なすべき手段や方法に絶望を感じ、残念な気持ちで迷うという意味を表す語です。どうしようにも…、残念にも…、ということです。

この後、実際の使用例として太宰治（一九〇九〜四八）の『チャンス』（一九四六年）という小品から一節を引用しますが、この作品には、私のような辞書編集者にとって大変興味深い箇所が別にあります。『辞苑』という辞書を開いたら、「恋愛」を「性的衝動に基づく男女間の愛情。すなはち、愛する異性と一体になろうとする特殊な性的愛」と定義していたと書かれているのです。『辞苑』とは現在の『広辞苑』の前身となる、一九三五年に博文館から刊行された辞書のことでしょう。そして、太宰はもし自分が『辞苑』の編纂者だったらとして、

「恋愛。好色の念を文化的に新しく言いつくろいしもの。すなわち、性慾衝動に基づく男女間の激情。具体的には、一個または数個の異性と一体になろうと

あがく特殊なる性的煩悶。色慾のWarming-upとでも称すべきか」

という「恋愛」の語釈を披露しています。太宰案のこの語釈を読むと、私などは『新明解国語辞典』第三版（一九八一年）の次のような語釈を思い出します。

「特定の異性に特別の愛情をいだいて、二人だけで一緒に居たい、出来るなら合体したいという気持を持ちながら、それが、常にはかなえられないで、ひどく心を苦しめる・（まれにかなえられて歓喜する）状態」

というものです。この語釈が載せられた第三版は、編集委員の一人だった山田忠雄による個性的な記述内容で話題になりましたが、太宰と山田との恋愛観の近似性を感じるのです。といっても、語釈の内容に共感しているわけではありません。

自身の恋愛観を語ったエッセーのような短編小説——太宰治『チャンス』

太宰治の『チャンス』では、「いかん（如何）せん」は次のように使われています。

「いかにも私は我慢してキザに木石を装っている男か、或（ある）いは、イムポテンツか、或いは、実は意馬心猿（いばしんえん）なりと雖（いえど）も如何（いかん）せんもてず、振られどおしの男のように思うひともあるかも知れぬが、私は決してイムポテンツでもないし、また、そんな、振られどおしの哀れな男でも無いつもりでいる」

『チャンス』は、自身の恋愛観を太宰らしい諧謔（かいぎゃく）をもって語った、エッセーのような短編です。その中で太宰は、恋愛は「チャンス」から始まるのではなく、あくまでも自分の意志で始まるものだと述べています。そして「チャンス」、つまり「ひょんな事」「ふとした事」からは恋愛は始まらない証拠として、車中で美人と向かい合って座ったときや、遊女屋に上がったときに、自分に色欲がなければ何事も起こらないという経験を語ってから、この引用文が続きます。

「意馬心猿」は、馬が走り回り、猿が騒ぎ立てるのは制御しがたいということから、煩悩、情欲のために、心の乱れを抑えがたいことをいった仏教語です。ここでの「如何せん」は、残念にも、といった意味です。（そのようなときに何事も起こらないなどということ）人情を解さない人間を装っているか、あるいは性的不能者か、はたまた本質は情欲を抑えられないのに、残念ながらもてない振られ通しの人間なのではないかと思う人がいるかもしれないが、と述べているのです。ただ、今の人間から見ると、かなり古めかしい恋愛観のような気もします。

だざい・おさむ【太宰治】［1909～1948］小説家。青森の生まれ。本名、津島修治。井伏鱒二に師事。自虐的、反俗的な作品を多く発表。玉川上水で入水自殺。作「津軽」「斜陽」「人間失格」など。

岡惚（おかぼ）れ

五一

「岡惚れ」は、親しく交際をしていない人を、脇からひそかに恋い慕うことをいいます。また、他人の愛人にひそかに思いを抱くこともいいます。早い話が片思いの一種です。

「岡」は、傍ら、局外の意味で、そのような見方や立場のものであることを表します。「岡焼き（＝自分には関係ないのに、他人の仲がよいのをねたむこと）」「岡目八目（＝局外から見ている者の方が、当事者よりも物事の真相や利害得失がわかること）」の「岡」もその意味です。

話が少し脱線しますが、「岡焼き」もちょっといいことばだと思います。「岡焼きもち」を略したものです。同じ意味の語に「法界悋気（ほうかいりんき）」なんていうのもあります。なんだか仏教語のようですがその通りで、「法界」はもともとは仏教語です。「ほっかい」「ほうかい」ともいうのですが、この場合は自分には何の縁故もない人という意味です。「悋気」は焼きもちのことです。

話を戻しますと、「岡惚れ」は、「石の上にも三年」にかけて、「岡惚れも三年」ともいいます。岡惚れも、思い続ければやがて報われるということです。本当にそうなるかどうかは保証の限りではありませんが。

なぜ「阿部定事件」の公判記録が？――織田作之助『世相』

「岡惚れ」は、織田作之助（おださくのすけ）（一九一三～四七）の『世相』（一九四六年）という小説で、次のように使われています。

「私はその手つきを見るたびに、いかに風采が上らぬとも、この手だけで岡惚れしてしまう年増女もあるだろうと、おかしげな想像をするのだったが、仲居の話では、大将は石部金吉だす。酒も煙草も余りやらぬという」（四）

「私」がこのような想像をした、素晴らしい手の持ち主の「大将」は、「天辰」という天ぷら屋の主人です。その手は、「むっちりと肉が盛り上って血色の良い手は指の先が女のように細く、さすがに永年の板場仕事に洗われた美しさだった。庖丁を使ったり竹箸で天婦羅を揚げたりする手つきも鮮かである」というものでした。それにしても、「手だけで岡惚れしてしまう」だなんて、ちょっとしゃれた表現だと思いませんか。

『世相』の主人公の「私」は、大阪の繁華街千日前を舞台にした、敬愛する江戸時代の作家井原西鶴（いはらさいかく）のような小説を書こうとしていました。そんな「私」に、いい小説の「タネ」があると言って「大将」が見せたものがありました。いわゆる阿部定事件の公判記録です。この事件は、一九三六年五月一八日に東京の荒川区尾久町の待合で、小料理店を経営していた石田吉蔵が、石田の店の女中をしていた阿部定と数日間を過ごし、情痴の果てに殺害されたというものです。阿部定は石田の体に血文字を残し、局部を切り取って逃走したことから、猟奇的事件として話題になりました。

「私」は「大将」から公判記録を借り受けたのですが、戦時中だったこの当時、すでに書いた自分の他の小説が発禁処分を受けていたこともあって、小説にはせずそのまま返却してしまいます。そして戦後、空襲で焼けた「天辰」の店の前で「大将」と再会し、その公判記録は空襲で店とともに焼けてしまったことと、「大将」がなぜ阿部定の公判記録を持っていたのかを知るのでした。そのいきさつを詳しくお知りになりたければ、小説をお読みください……。ちなみに織田は阿部定をモデルにした『妖婦』（一九四七年）という小説を書いています。ただし、主人公が一八歳までのことで、事件のことは何も触れていません。

織田作之助は大阪の庶民の生活を書いた作家で、「織田作（おださく）」の愛称でデカダンス作家として知られています。『世相』にも、戦前、戦後の大阪千日前近辺の風俗が描かれています。

おだ・さくのすけ【織田作之助】［1913〜1947］小説家。大阪の生まれ。大阪庶民の生活を描いた作家として知られる。小説「夫婦善哉（めおとぜんざい）」「世相」「土曜夫人」、評論「可能性の文学」など。

面映（おもは）ゆい

「面映ゆい」は、あることをしたり、されたりする場合に、面と向かってだと何となく恥ずかしいというさまを表します。「はゆい（はゆし）」は、照り輝くようなさまであると

いう意味で、相手と顔を合わせるとまぶしく感じられるということです。「きまりが悪い」とか「照れくさい」と同じ意味ですが、「面映ゆい」を使った方が少しだけ格調高く感じられます。

また「面映ゆい」は、語幹の「おもはゆ」に接尾語「げ」がついて、「おもはゆげ」の形でも使われます。恥ずかしそうであるという意味です。芥川龍之介は、短歌や俳句だけでなく旋頭歌（せどうか）と呼ばれる歌も作っています。旋頭歌とは和歌の歌体の一つで、五・七・七・五・七・七の六句からなるものです。「おもはゆげ」は次のように使われています。

「さばかりにおもはゆげにもいらへ給ひそ。緋（ひ）の房の長き団扇（うちわ）にかくれ給ひそ。」（「若人」一九一四年）

そんな風に恥ずかしげにこたえてくださるなよ、（恥ずかしげに）緋の房の長いうちわに顔をお隠しにならないでよ、という意味でしょう。二二、三歳のときの作です。誰を思い浮かべて詠んだのでしょうか。

自身の心中事件を素材にしながら私小説にはしない――太宰治『道化の華』

太宰治（一九〇九〜四八）は、「面映ゆい」を『道化の華』（一九三五年）の中で、次のように使っています。

「大庭葉藏。笑われてもしかたがない。鵜のまねをする烏。見ぬくひとには見ぬかれるのだ。よりよい姓名もあるのだろうけれど、僕にはちょっとめんどうらしい。いっそ『私』としてもよいのだが、僕はこの春、『私』という主人公の小説を書いたばかりだから二度つづけるのがおもはゆいのである。僕がもし、あすにでもひょっくり死んだとき、あいつは『私』を主人公にしなければ、小説を書けなかった、としたり顔して述懐する奇妙な男が出て来ないとも限らぬ。ほんとうは、それだけの理由で、僕はこの大庭葉蔵をやはり押し通す」

『道化の華』は、太宰がバーの女給と江ノ島近くの海で心中を図り、相手の女性だけが死亡したため自殺幇助罪に問われ、起訴猶予になった体験を素材にしています。太宰自身と思われる主人公は「大庭葉蔵（おおばようぞう）」と名付けられるのですが、『私』という主人公の小説を書いたばかりなので、この小説では主人公を「私」にはしないといっているのです。私小説作家とは一線を画そうとした太宰の矜持（きょうじ）を感じます。

　そしてこの小説の面白いところは、さらに登場人物でも作者自身でもない「僕」が時折顔を出して、小説技法や登場人物の心理に関して、注釈のようなことを行っている点です。実験的な小説という見方もできますが、自分だけ死ねなかった複雑な思いを表現するのに、このような形式でしか書けなかったのかもしれません。「面映ゆい」はそんな太宰の気持ちを表したことばだと思いますし、彼が遺（のこ）した多くの作品にその思いが地下水脈のように流れているような気がします。

　太宰には、もう一作「大庭葉蔵」が登場する作品があります。『人間失格』（一九四八年）です。『人間失格』は、主人公大庭葉蔵の三つの手記を作者が紹介するという形式をとった小説です。葉蔵は、人間の生活の営みが理解できずにいるのですが、逆に互いに欺き合って少しも傷つかずに生きている世間の人間に恐れを抱いています。そして己が道化となって、かろうじて人間と交わろうとするのでした。この小説を脱稿した一か月後に太宰は山崎富栄と玉川上水で入水自殺するのですが、初期と最晩年の二つの作品は「道化」

というキーワードでつながっているのです。己を「道化」と表現しているのも、「面映ゆさ」にほかならなかったのでしょう。

快哉（かいさい）

「快哉」は、「快なる哉」の意味で、ああ愉快だ、と思うことを表します。「快哉を叫ぶ」の形で使われることが多いことばです。

室町時代に惟高妙安（一四八〇～一五六七）という臨済宗のお坊さんがいました。そのお坊さんが、中国元代の『韻府群玉』という書物について講義をした『玉塵抄』（一五六三年）という講義録が残されていて、『日本国語大辞典』に引用されています。その中に「快哉」の意味の説明があり、それがちょっと面白いので紹介します。

「快哉は快はこころよしとよむぞ。きかさんした心ぞ。きもようなった心ぞ」

読んでお気づきだと思いますが、この講義録は惟高妙安がしゃべった通りに筆記されています。「きかさんした心ぞ。きもようなった心ぞ」とありますが、「心」は意味ということで、「はればれとした気持ちになるという意味であるぞ。気持ちがよくなったという意味であるぞ」と説明しているのです。きっと調子のいい話しっぷりだったのでしょうね。そしてとてもわかりやすい説明だと思います。この時代に、こうした漢籍、仏典などを五山の禅僧や学者らが講義したり注釈したりしたものの筆記が多数残されています。これらは「――抄」という書名のものが多いことから、「抄物（しょうもの）」と呼ばれていて、当時の口語を知る貴重な資料となっています。『韻府群玉』は、漢字の熟語を、その韻字（漢詩文で、韻を踏むために句の末に置く字）によって分類配列して、その用例となる詩文を集めたものです。

書生にトラウマを持つ猫――夏目漱石『吾輩は猫である』

「快哉を叫ぶ」は、たとえば夏目漱石（なつめそうせき）（一八六七～一九一六）の『吾輩は猫である（わがはいはねこである）』

（一九〇五〜〇六年）に、次のように使われています。

> 「『何だ馬鹿野郎、人の桶へ汚ない水をぴちゃぴちゃ跳ねかす奴があるか』と喝し去った。吾輩もこの小僧を少々心憎く思っていたから、この時心中にはちょっと快哉を呼んだが、学校教員たる主人の言動としては穏かならぬ事と思うた」（七）

吾輩が銭湯をのぞきに行ったときの話です。もちろん猫なので銭湯の中には入れないのですが、窓越しに中をのぞくと、裸になって体を洗ったり、浴槽につかったりする人が大勢いました。そして、浴槽の中には、長い間湯につかって真っ赤な顔をした主人の苦沙弥先生もいました。銭湯に来た人たちは、わーわー大騒ぎをしているのですが、そのうち洗い場にいた苦沙弥先生が、近くにいる書生に「もっと下がれ、おれの小桶に湯が這入っていかん」と大声で怒鳴りつける声が聞こえてきたのです。「書生」は、この時代、人の家に世話になって家事を手伝いながら勉学をした者をこう呼んだのですが、吾輩はこの書生が「君とか僕とか生意気な事をべらべら喋舌」っているのを聞いて、憎らしく思っていました。しかも吾輩には、生まれてすぐに書生にいじめられたというトラウマもありました。ですから、主人の大人げない怒声に快哉を叫んだのです。なお、漱石は「快哉を呼ぶ」と書いていて、「呼ぶ」は「叫ぶ」の誤記かあるいは「さけぶ」と読むべきでしょう。

『吾輩は猫である』は、本書でもいくつか文章を引用していますが、英語教師の苦沙弥先生の家に飼われる猫（吾輩）の目を通して、先生のところに出入りする人間の愚劣で滑稽な姿を痛烈に批判し風刺した作品です。ここでも「快哉」ということばを使って、猫の吾輩のシニカルな性格が巧みに描かれていると思います。

片恋（かたこい）

「片恋」は、一方の側からだけ、相手を恋しく思うことをいいます。つまり「片思い」のことです。

個人的なことですが、私はこの語をロシア文学者の米川正夫（一八九一〜一九六五）が翻訳した、ロシアの作家ツルゲーネフ（一八一八〜八三）の小説のタイトルで知りました。もちろん原題はロシア語ですから『片恋』ではなく、『アーシャ』というのですが。そして後に、米川がなぜタイトルを『アーシャ』ではなく『片恋』にしたのかも知りました。それは、二葉亭四迷がこの小説を『片恋』という題名で翻訳していて（一八九六年刊）、それを少年時代に読んで心酔した米川が、自身の訳もあえて二葉亭と同じタイトルにしたのです。『アーシャ』は、純真で気性の激しい少女アーシャに主人公の「私」が心ひかれるのですが、結局その恋は結ばれずに終わるというストーリーです。

「片恋」という語自体は二葉亭の造語ではなく、『万葉集』の時代から使われています。たとえば、舎人皇子の歌の、

「ますらをや片恋せむと嘆けども醜のますらをなほ恋ひにけり」（巻二・一一七）

がそうです。立派な男である私が、こんな片恋をするのかと嘆いても、おろかしい男だ、やはり恋しい、というちょっとユーモアを感じさせる歌です。この歌は私が『万葉集』を

愛読するきっかけとなった歌の一つです。舎人皇子（舎人親王）は、太安万侶らとともに『日本書紀』を編修した人です。

作家や詩人の創作意欲を刺激することば――北原白秋『東京景物詩及其他』

「片恋」という語は、ひょっとすると作家や詩人の創作意欲をかき立てる語なのかもしれません。北原白秋（一八八五～一九四二）の『東京景物詩及其他』（一九一三年）という詩集に、「東京夜曲」の一編として「片恋」という詩が収録されています。このような詩です。

「あかしやの金と赤とがちるぞえな。／かはたれの秋の光にちるぞえな。／片恋の薄着のねるのわがうれひ／「曳舟」の水のほとりをゆくころを。／やはらかな君が吐息のちるぞえな。／あかしやの金と赤とがちるぞえな。」

「ぞえな」は、だよね、といったような意味です。「ねる」はフランネル、「曳舟」は東京都墨田区の北半部を貫通していた曳舟川のことでしょう。

萩原朔太郎（一八八六〜一九四二）の詩集『青猫』（一九二三年）にも、「片恋」という詩が収録されています。「ああ　ぼくのみひとり焦燥して／この青青とした草原の上／かなしい願望に身をもだえる。」と締めくくられる、食欲と情欲が交差する不思議な詩です。

芥川龍之介（一八九二〜一九二七）には、『片恋』（一九一七年）という短編小説があります。小説というよりはエッセーのような内容です。昔よく行った店の女中が、たまたま行った料亭で芸者をしていたことから昔話になり、その女性には「岡惚れ」していた男がいたという話から、やがてその芸者の片恋の話となります。彼女が片恋をした相手というのは、名前も居所も国籍もわからない謎の人物でした。それがどういう人物だったかは、作品をお読みください。このような作品を書いたのも、芥川も「かたこい」という語の響きにひかれたのかもしれません。

きたはら・はくしゅう【北原白秋】［1885〜1942］詩人・歌人。福岡の生まれ。本名、隆吉。与謝野鉄幹の門人となり、「明星」「スバル」に作品を発表。のち、木下杢太郎らと耽美派文学の拠点となる「パンの会」を結成。詩集「邪宗門」「思ひ出」、歌集「桐の花」、童謡集「トンボの眼玉」など。

忸怩（じくじ）

「忸怩」はけっこう難読語かもしれませんね。「忸」を「ジク」、「怩」を「ジ」と読むのですが、ともに恥じらうという意味です。「じくじ」で、自分の言動などについて自分で恥ずかしく思うさまをいいます。多く「忸怩たる」の形で使います。

ただ、最近「忸怩」を、自分の言動について恥ずかしく思っているという意味ではなく、悔しい、残念だ、もどかしい、腹立たしいなどという意味で使う人が出てきました。「忸怩」が難しい漢語だということがあるのかもしれません。また、「じくじ」という読みが、「ぐじぐじ」とか「ぐちぐち」とかいった、態度などがはっきりしなくてどっちつかずのさまをいう語と似ているので、その類推からかもしれません。一部の国語辞典ではこの新しい意味を誤用としているのですが、多くの人が従来なかった意味で使うようになると、やがては誤用と見なされなくなる可能性もあります。

伊勢湾の小島を舞台にした恋愛物語——三島由紀夫『潮騒』

「忸怩」は、三島由紀夫（一九二五〜七〇）の小説『潮騒』（一九五四年）では、

「先程からの待伏せや口笛の合図や追跡に、不良じみた自分の姿を描いて、忸怩たるものがあった若者は、こうして初江を扶け起すと、きのうの愛撫の復習には移ってゆかずに、兄のようにやさしく少女の着物の泥を払ってやった」（六）

と使われています。『潮騒』は、伊勢湾の小島を舞台に、島の海女の息子新治と船主の娘初江が、さまざまな障害を乗り越えて結ばれる恋愛物語です。何度も映画化されていますので、ご覧になったかたもいらっしゃるでしょう。

引用文は、新治が世話になったお礼にたびたび魚を届けている灯台長の家で、初江と示し合わせて会った帰りの場面です。初江はよそに養女に出されていたのですが、兄が死んだために島に戻ってきて、新治と出会うのです。少しずつ打ち解けていく二人ですが、新治は次第に初江に心ひかれるようになります。ところが村の名門の次男で、若者のリーダ

ー的な存在だった川本安夫が、自分は初江の家に入り婿に行くと言いふらしたのです。それを聞いた新治が思い切って初江に問いただすと、初江は大笑いし、笑いすぎて胸が痛くなったと言うのです。胸を押さえてくれたら楽になる、と初江が言うので、新治がそうしてやると、二人の顔が近づきすぎて、お互いの熱さが感じられるほどでした。そして、

「ひびわれた乾いた唇が触れ合った。それは少し塩辛かった。海藻のようだと新治は思った」（五）

引用文にある「きのうの愛撫」とは、このことです。

灯台長の家で会った二人ですが、東京にいる灯台長の娘が新治に好意を持っているという話を聞いて、今度は初江が嫉妬します。先に灯台を出た新治が、口笛を吹いて自分が待ち伏せをしていることを知られるようにしていたのですが、生真面目な彼は、そんな自分の行為を恥じ入るのです。ところが、黙って通り過ぎた初江は、道が険しくなったところで足元を照らしていた懐中電灯を放り投げるように転んでしまいます。

このように、二人の仲は、少しずつですが接近していきます。そして、たき火を間にし

た、有名な「その火を飛び越して来い。その火を飛び越してきたら」と初江が言う場面へとつながります。ただ、二人にはこの後もさまざまな障害が待っていました。

みしま・ゆきお【三島由紀夫】［1925～1970］小説家・劇作家。東京の生まれ。本名、平岡公威（ひらおかきみたけ）。小説「仮面の告白」で作家としての地位を確立、以後、唯美的傾向と鋭い批評精神を特質とする作品を発表。割腹自殺。小説「金閣寺」「潮騒（しおさい）」「豊饒の海」、戯曲集「近代能楽集」など。

秋波（しゅうは）を送（おく）る

五六

「秋波を送る」は、相手の関心を引こうとして、こびを含んだ目つきで見ることをいいます。「秋波」は、美人の涼しげな美しい目元という意味で、「秋波を送る」は、多く女性が異性に対してそのような目つきをする場合にいいます。

ほとんどの国語辞典では「秋波を送る」を、女性が異性に対してこびるような目つきをすると説明しているのですが、そうではない使用例も最近増えてきました。それは、送る相手と送られる対象が逆になる（男性から女性に対して）という単純なことではなく、他人の関心を引くためにこびを売るといった、性的なこととは関係のない意味です。たとえば、哲学者の戸坂潤（とさかじゅん）（一九〇〇～四五）の評論『思想としての文学』（一九三六年）に、

「純文学の本家である文壇文学は、元来がジャーナリズムの本山であったものが、今ではジャーナリズムに見放され、少なくともジャーナリズムの上では衰亡しようとしている。ジャーナリズムは大衆文学に秋波を送り始めた」（一七・「純文学」の問題）

という例がそれです。この場合の「秋波を送る」は、どう見ても異性間のことではありません。このような意味が生じたのは、比喩（ひゆ）的な表現が拡大していったためかもしれません。そのようなこともあって、国語辞典の中には、この新しい意味を載せるものも出てきました。この「秋波を送る」の新しい意味を誤用だと言う人もいますが、私はそうは思いません。ただ、「秋波」の本来の意味、美人の涼しげな目元という意味は知っていてもい

郵 便 は が き

料金受取人払郵便

銀 座 局
承 認

7292

差出有効期間
令和 5 年 2 月
28 日まで

1 0 4 - 8 7 9 0

625

東京都中央区銀座5-15-8
時事通信出版局 営業企画部 行

※ 差出有効期間中、切手は不要です。

(ふりがな) 氏名	年齢
住所 〒	
電話番号	職業
E-mailアドレス	

辞書編集者が選ぶ美しい日本語101 読者アンケート

この度はご購入いただき、誠にありがとうございます。

今後の企画の参考にさせていただきたく、ご意見・ご感想をお寄せいただけますと幸いです。

① 本書をどこでお知りになりましたか。
・新聞・雑誌の紹介記事、広告をみて（新聞・雑誌名：　　　　　　　　　　）
・テレビ・ラジオ　・インターネット（Twitter／その他：　　　　　　　　　　）
・知人のすすめ　・書店で見て　・その他（　　　　　　　　　　）

②本書をお買い求めいただいた理由をお聞かせください。（いくつでも可）
・タイトルにひかれて　・テーマやジャンルに興味があるから
・帯のコメントにひかれて　・表紙がよかったから　・その他（　　　　　　　　）

③ 普段、情報を得るのに利用・活用することが多いものは何ですか？
・新聞　・雑誌　・SNS（Twitter/Instagram/facebook）　・テレビ　・ラジオ

④本書の内容についてご意見・ご感想をお聞かせください。

⑤ 著者へメッセージがあればお願いいたします。

⑥ 今後、読んでみたい内容・テーマがあればお聞かせください。

⑦最近読んで面白かった本のタイトルを教えてください。

●ご記入いただいた情報は、当社にて厳正に管理いたします。
●ご感想を匿名で本書の広告等に使用させていただいてもよろしいですか？
□許可する　□許可しない

ご協力ありがとうございました。

いような気がします。

弁護士試験の答案をのぞき込む幽霊の正体は？――岡本綺堂『白髪鬼』

「秋波を送る」を女性の目つきの意味で使った例として、たとえば岡本綺堂（一八七二～一九三九）の『白髪鬼』（一九二九年）という小説があります。

「山岸の方はどうだか知らないが、伊佐子さんがとにかくかれに接近したがって、いわゆる秋波を送っているらしいのは、他の止宿人もみな認めているのでした」（一）

『白髪鬼』は、怪談です。語り手の「わたし」が弁護士を目指して法律学校に通っていたとき、下宿していた家に、やはり弁護士を目指している「山岸」という男がいました。「山岸」は「わたし」よりも年上で知識も豊富でしたが、なぜか今までに四回も弁護士試験に落ちていました。あるとき「山岸」は、「わたし」に四回も受験に失敗した理由を語ります。「山岸」が一生懸命に答案を書いていると、一人の女の姿が目の前にぼんやりと現れ、答案用紙をのぞき込むようにじっと見つめているので、何を書いているのか自分でもわからなくなってしまうというのです。その女は、痩せ形で背が高く、髪の毛が白く、その顔は色白の細面で、まだ三〇を越したか越さないかくらいに見えるのだそうです。「山岸」はその女性を幽霊だと思っていました。そして、幽霊に受験を妨害されるのは腹が立つので、意地比べで来年も受験しようと思っていたところ、郷里の父親からもう諦めて帰ってこいという手紙が来ます。そんな「山岸」に、下宿先の娘の「伊佐子さん」が秋波を送っていたのです。「伊佐子さん」は三〇少し前で、一度嫁いでいましたが、夫と死別し実家に戻っていたのです。ここまで書くと、幽霊の正体はわかりますね。

劇作家で、『半七捕物帳』（一九一七～三六年）でも知られる岡本綺堂は怪談もたくさん書いています。

おかもと・きどう【岡本綺堂】
［1872～1939］劇作家・小説家。東京の生まれ。本名、敬二。2世市川左団次と提携、新歌舞伎の劇作家として活躍した。戯曲「修禅寺物語」「鳥辺山心中」、小説「半七捕物帳」など。

切（せつ）ない

五七

「切ない」は、悲しさや寂しさ、恋しさなどによって、胸が締め付けられるような気持ちであることをいいます。

梶井基次郎（一九〇一～三二）に『冬の日』（一九二七年）という短編小説があります。といっても、梶井は短編小説しか書いていないのですが。

梶井は結核のために、三二歳という若さで亡くなります。『冬の日』はその梶井とおぼしき主人公の「堯」が、移りゆく真冬の景色を背景に、血痰が続き病状の進行が明らかになった時期に交互に訪れる絶望感と焦燥感、そして虚無感を募らせる姿を描いた作品です。堯は医者から「今の一年は後の十年だ」とさえ言われていました。このことばに対して、堯はこう考えるのです。「――まるで自分がその十年で到達しなければならない理想でも持っているかのように。どうしてあと何年経てば死ぬとは云わないのだろう」と。

『冬の日』は、当時は不治の病とされた結核を自らの宿命と考え、絶望感を抱きつつも、ありのままの事象を見つめようとする作家としての目を感じさせる作品です。梶井の代表作である『檸檬（れもん）』（一九二五年）とは別の意味で、重要な作品だと思います。

心の内に常に流れる感情を通して見つめる「生」——梶井基次郎『冬の日』

小説『冬の日』の中で、梶井基次郎は「切ない」を三回も使っています。作品のキーワードとはいえないまでも、短い小説ですのでいささか目につきます。

「電燈も来ないのに早や戸じまりをした一軒の家の二階——戸のあらわな木肌は、不意に堯の心を寄辺（よるべ）のない旅情で染めた。——食うものも持たない。どこに泊るあてもない。そして日は暮れかかっているが、この他国の町は早や自分を拒んでいる。——それが現実であるかのような暗愁が彼の心を翳（かげ）っていった。またそんな記憶がかつての自分にあったような、一種訝（いぶ）かしい甘美な気持が堯を切なくした」（三）

「街を歩くと堯は自分が敏感な水準器になってしまったのを感じた。彼はだんだん呼吸が切迫して来る自分に気がつく。そして振り返って見るとその道は彼が知らなかったほどの傾斜をしているのだった。彼は立ち停まると激しく肩で息をした。ある切ない塊が胸を下ってゆくまでには、必ずどうすればいいのかわからない息苦しさを一度経なければならなかった。それが鎮まると堯はまた歩き出した」（六）

「自分のまだ一度も踏まなかった路――そこでは米を磨いでいる女も喧嘩をしている子供も彼を立ち停まらせた。が、見晴らしはどこへ行っても、大きな屋根の影絵があり、夕焼空に澄んだ梢があった。そのたび、遠い地平へ落ちてゆく太陽の隠された姿が切ない彼の心に写った」（六）

これらはことごとく、堯が当てもなく町中を歩き続けている場面です。引用文からも、堯がそこで見た光景が、次第に堯自身の心象風景として変容していくさまが読み取れるのではないでしょうか。その心の内には、「切ない」という感情が常にあったのかもしれません。

「切ない」の名詞形は「切なさ」です。梶井は「冬ざれ」（P75）で引用した『冬の蠅』（一九二八年）という短編の中で、次のように「切なさ」を使っています。

「落日を見ようとする切なさに駆られながら、見透しのつかない街を慌てふためいてうろうろしたのである」（一）

『冬の蠅』もまた、温泉宿の部屋の中に棲（す）みついた蠅を観察しながら、自分自身の生を見つめた作品です。

かじい・もとじろう【梶井基次郎】［1901〜1932］小説家。大阪の生まれ。胸を病みながらも冷静に自己を凝視し、鋭敏な感覚的表現で珠玉の短編を残した。「檸檬（れもん）」「城のある町にて」「冬の蠅」など。

手塩（てしお）にかける

自らいろいろと世話をして大切に育てることを、「手塩にかける」といいます。

「手塩」は、最近はほとんど見かけませんが、めいめいの食膳に添えて、好みに応じて用いるようにした少量の塩のことです。その塩を盛った小皿は、「手塩皿」といいます。これは今でも小さい皿のことをそう呼ぶことがあります。「おてしょ」ともいいますが、もとは女性語です。自らの手で味を調えたことから、自ら世話をするという意味になり、「手塩にかける」という言い方が生まれたのです。

悪評高い藩主を孤独に苦しむ青年と新解釈——菊池寛『忠直卿行状記』

「手塩にかける」は、菊池寛（一八八八～一九四八）の小説『忠直卿行状記』（一九一八年）で、次のように使われています。

「老人は、幼年時代から手塩にかけて守り育てた主君から、理不尽な恥ずかしめを受け、老いの目に涙を流しながら、口惜しがった。彼は故中納言秀康卿が、ありし世の寛仁大度な行跡を想い起こしながら、永らえて恥を得た身を悔いた。正直な丹後は、盤面に向って追従負けをするような卑劣な心は、毛頭持っていなかった。が、もう忠直卿の心には、家臣の一挙一動は、すべて一色にしか映らなくなっていた。老人は、その日家へ帰ると、式服を着て、礼を正し、皺腹をかき切って、惜しからぬ身を捨ててしまった」（四）

『忠直卿行状記』は、徳川二代将軍秀忠の兄、結城秀康の長男、松平忠直が主人公です。この忠直の暴虐な行状に近代的な解釈を施し、家臣の虚偽の中で孤独に苦しむ姿として描いた作品です。忠直は、豊臣家が滅亡した大坂夏の陣で、自らの軍勢が真田幸村を討ち取るなどの戦功を上げたため、祖父の家康から「日本樊噲」と、中国前漢の高祖劉邦の功臣だった樊噲になぞらえて褒めたたえられました。そのため忠直は意気揚々と国元である越前に帰ります。そのときの忠直の心の中は、自分は何者にも勝っているという優越感に満たされていました。

ところが、国元で家臣たちの自分に接する態度に虚偽があることを知り、次第に屈折した気持ちを抱くようになります。いままで忠直は、自分は何事においても臣下に勝ると思い込んでいたのですが、それはすべてが家臣たちの配慮であったということを知ってしまったのです。そうなると忠直はすべてのことが信じられなくなっていきます。そして、引用文のように、理不尽な振る舞いが度重なるようになるのです。

ここでは、老家老の小山丹後（たんご）と碁を打っていたときのことです。以前は相碁だった二人ですが、丹後がだんだん負け越すことが多くなったため、「殿は近頃、いかい御上達じゃ。老人ではとてもお相手がなり申さぬわ」と言ったところ、忠直は碁盤を足蹴にして丹後の頭を打ったのです。幼少の頃から大事に育ててきた世継ぎの、あまりにも理不尽な乱心ぶりに耐えきれなかったのでしょう、丹後は切腹してしまいます。

この後、忠直はさらに常軌を逸した行動をとるようになり、やがてその行状が幕府の知るところとなって、改易（かいえき）（武士の身分を剝奪（はくだつ）し、領地などを没収する刑）させられます。小説『忠直卿行状記』は必ずしも史実通りではありませんが、松平忠直が大坂の陣での論功に不満を抱き、将軍家に対し不遜の行動をとったことから改易を命じられ、豊後国萩原（大分市萩原）に配流となったことは事実です。

『忠直卿行状記』は、周囲の人間との関係で次第に人間性が失われていく青年の姿を描いた、菊池寛の代表作の一つです。

きくち・かん【菊池寛】
［1888〜1948］小説家・劇作家。香川の生まれ。本名、寛（ひろし）。第三次・第四次

「新思潮」同人。文芸家協会の設立に尽力し、雑誌「文芸春秋」を創刊。のち、芥川賞・直木賞を制定した。小説「恩讐の彼方に」「藤十郎の恋」「真珠夫人」、戯曲「屋上の狂人」「父帰る」など。

恬淡（てんたん）

「恬淡」は、欲がなく、物事に執着しないことをいいます。悟りの境地とはいえないまでも、それに近い状態なのかもしれません。「恬」も「淡」も物事にこだわらない、あっさりしているという意味の漢字です。

また「恬淡」は、さらに意味を強めて、「無欲恬淡」の形で使うこともあります。意味は、あっさりしていて欲がなく、物事に執着しないということです。これを北原白秋（きたはらはくしゅう）（一八八五〜一九四二）は、樺太（からふと）、北海道を旅したときのことをつづった紀行集『フレップ・トリップ』（一九二八年）で次のように使っています。

「酒は好きだが、酒を飲んだら僕には詩も歌もできないね。小唄ぐらいはどうだか知らないが、どうしても観照に罅(ひび)が入るね。慷慨(こうがい)激越の詩ならとにかく、精確(せいかく)な写実をやる時は酒に酔った感覚では駄目だ。心は鏡のように澄んでいなければならないからね。それでも書ならば陶然として書き飛ばすがね。無慾(むよく)恬淡だね。とすると歌なぞその時は少々固くなり過ぎるかも知れないな。もっとも書はどうでもいいと思う気持ちがあるからだが、詩や歌は本芸だとしているからね。酒の時はまた酒だけでいい。でないと酒の美徳を傷つける、とこうなる」（小沼農場）

『フレップ・トリップ』は「陶然(とうぜん)」（Ｐ237）でも同じ部分を一部引用しましたが、要するに、酒を飲んだら、「書」は「無欲恬淡」に書けるけど、詩や歌は書けないというのです。その理由を、「酒の時はまた酒だけでいい。でないと酒の美徳を傷つける」からだといっているところが、なんだか好感が持てます。

大阪に実在したくず鉄窃盗団を描いた痛快作——開高健『日本三文オペラ』

開高健（一九三〇〜八九）の小説『日本三文オペラ』（一九五九年）では、「恬淡」は次のように使われています。

「だいたい部落の人間は名前や履歴にたいしてすこぶる恬淡で、なかには想像力を露骨に刺激するような、〃自転車〃とか、〃金庫〃とか、〃笑い屋〃などというような呼ばれかたをしているものもたくさん、いや大なり小なりほとんどみんながそうであったが、だからといって彼らがその不本意な過去において自転車屋であったのか、金属家具商であったのか、また漫才師であったのかどうか、そんなことは誰にもわからないことであった」（二・三）

『日本三文オペラ』は、大阪の旧陸軍造兵廠跡から、埋もれていた鉄くずなどを組織的に盗み出していた、俗に「アパッチ族」と呼ばれた集団を描いた作品です。「フクスケ」という名の、大阪の新世界界隈でホームレスをしていたときにアパッチ族の女にスカウトされた人物の目を通して描かれています。引用文から、アパッチ族に加わった者たちがどのような人間だったかがわかります。個人の名前や過去にはまったく無頓着な集団であったにもかかわらず、一つのコミュニティーを作り上げ、一糸乱れぬといってもよい組織力を誇っていました。アパッチ族は次第に警察に追い詰められていくのですが、最後に存亡をかけて警察を相手にした大ばくちともいうべき盗みを計画するのです。

開高健は、旺盛な行動力に支えられた文学活動を展開した作家でした。『日本三文オペラ』も実体験が生かされ、怪しいエネルギーにあふれた作品になっています。

かいこう・たけし【開高健】［1930〜1989］小説家。大阪の生まれ。「裸の王様」で芥川賞受賞。ベトナム戦争の取材など、行動派の作家として活躍。他に「パニック」「輝ける闇」「夏の闇」など。

慟哭（どうこく）

六〇

「慟哭」は難読語かもしれませんね。「慟」も「哭」も、大声を上げて泣き悲しむという意味です。つまり「慟哭」は、悲しみに耐えきれず大声を上げて泣くことをいいます。宮沢賢治（みやざわけんじ）（一八九六〜一九三三）の有名な詩『永訣（えいけつ）の朝』は詩集『春と修羅（しゅら）』（一九二四年）に収められていますが、これらの一連の詩群は、「無声慟哭（むせいどうこく）」と名付けられています。本来は声を上げて泣く「慟哭」ですが、声も出さずに嘆き悲しむ、それほどの強い悲しみという意味です。詩『永訣の朝』はご存じですね。

「けふのうちに／とほくへいつてしまふわたくしのいもうとよ／みぞれがふつておもてはへんにあかるいのだ」

で始まる、妹とし子の病死を詠んだ詩です。

ところで「慟哭」と同じ意味のことばに「号泣」があります。むしろこちらの方がなじみがあるかもしれませんね。「号泣」も大声を上げて泣くのが本来の意味です。ところがこの語を、大声を上げずに激しく泣くという意味で使っている人がかなり増えているようです。それは誤用とまではいえませんが、本来の意味ではありません。

夏目漱石は、小説『吾輩は猫である』の中篇の自序（一九〇六年）で、正岡子規（まさおかしき）の手紙を引用しているのですが、その手紙はこのような文章で始まります。

「僕ハモーダメニナッテシマッタ、毎日訳モナク号泣シテ居ルヨウナ次第ダ」

病床の子規が、以前漱石から受け取ったロンドンからの手紙が面白かったので、また書いてくれと催促した内容の手紙です。でも、漱石は留学中で忙しく再度手紙を出さずにいたら、子規は亡くなってしまったというのです。子規は『病牀六尺（びょうしょうろくしゃく）』（一九〇二年）などでもたびたび「号泣」を使っています。繰り返しますが、「慟哭」「号泣」は、どちらも本来は声を上げて泣くという意味なのです。

漢籍の素養が高く名文として激賞──中島敦『山月記』

「慟哭」は、「郷党」（P347）で引用した中島敦（一九〇九～四二）の小説『山月記』（一九四二年）でも使われています。

「厚かましいお願だが、彼等の孤弱を憐れんで、今後とも道塗に飢凍することのないようにはからって戴けるならば、自分にとって、恩倖、之に過ぎたるは莫い。言終って、叢中から慟哭の声が聞えた」

という一節があります。友人の袁傪に己の運命を語った虎になった李徴は、話の最後に残された家族（「彼等」）のことを託します。引用文はその部分です。

文中で使われている他のことばも難しいですね。「孤弱」は頼る人がなくてか弱いこと、「道塗」は進んでいく道、「飢凍」は飢えたり凍えたりすること、「恩倖」は特別な慈しみという意味です。注目していただきたいのは、最後の「声が聞こえた」の部分です。「慟哭」は大声を上げて泣くことなのですから。

なかじま・あつし【中島敦】［1909〜1942］小説家。東京の生まれ。中国の史実・古典に題材を求めた作品を書いたが夭折（ようせつ）、死後再評価された。作「李陵（りりょう）」「山月記」「光と風と夢」など。

陶然（とうぜん）

「陶然」は、酒に酔ってうっとりしているさまをいい、さらにわれを忘れてうっとりとするさまを表します。「陶」は喜ぶ、楽しむという意味です。「然」は「ねん」とも読み、平安中期の国語辞典『文明本節用集』には、「陶然　タウネン　酔酒義也」と書かれています。「陶然」は「トウネン」と読み、意味は、酒に酔うことだといっているのです。

「恬淡（てんたん）」（P230）のところで引用した北原白秋の紀行文『フレップ・トリップ』の中でその意味の「陶然」が使われていました。一部重複しますが、このような文章です。

「酒は好きだが、酒を飲んだら僕には詩も歌もできないね。〈略〉それでも書ならば陶然として書き飛ばすがね」（小沼農場）

ここでの「陶然」は、酒に酔ってうっとりしているさまという意味です。私も「陶然」とした状態（私の場合は「酩酊」した状態といったほうが適切かもしれませんが）で、詩や歌ではなく、文章を書いてしまうことがあります。でも、後で読み返してみると……。

夢がかなうのに、その時が来てほしくない——芥川龍之介『芋粥』

芥川龍之介（一八九二〜一九二七）の小説『芋粥』（一九一六年）では、「陶然」は次のように使われています。

「直垂の下に利仁が貸してくれた、練色の衣の綿厚なのを、二枚まで重ねて、着こんでいる。それだけでも、どうかすると、汗が出かねない程、暖かい。そこへ、夕飯の時に一杯やった、酒の酔が手伝っている。枕元の蔀一つ隔てた向うは、霜の冴えた広庭だが、それも、こう陶然としていれば、少しも苦にならない。万事が、京都の自分の曹司にいた時と比べれば、雲泥の相違である」

『芋粥』は、平安時代の説話集『今昔物語集』や鎌倉初期の説話集『宇治拾遺物語』から題材を取った短編小説です。風采の上がらない小役人の「五位」には、芋粥を飽きるほど食べてみたいという夢がありました。あるときそれを耳にした藤原利仁が、その夢をかなえてやろうと、自分の領地の敦賀まで五位を連れて行くのです。「五位」は名前ではなく、位が五位だったことによる呼び名です。

引用文は、敦賀の利仁の館に夕刻に着き、夕飯で一杯ご馳走になった五位が床に就いた場面です。ここでの「陶然」は「とうぜん」と読むべきでしょう。念願の芋粥が食べられるのは翌日で、五位は暖かな夜具を貸し与えられたうえに、酒の酔いもあって、うっとりとしているのです。都の自分の部屋にいたときとあまりにも違う待遇に戸惑ってもいるのですが、一方で「何となく釣合のとれない不安」も感じていました。芋粥を食べるのが、待ち遠しいと思うのと同時に、夜が明けて芋粥を食べるときがそう早く来てほしくないという矛盾した気持ちを抱いていたからです。そして、朝飯のときには、膳の上に並べられた芋粥があふれんばかりに入った大きな銀の提(ひさげ)（鉉(つる)と注ぎ口のついた、鍋に似た器）を前に、口を付ける前から満腹を感じてしまいます。

『芋粥』は、夢がかなってしまったときの無力感を描いた作品といえるかもしれません。

あくたがわ・りゅうのすけ【芥川竜之介】［1892〜1927］小説家。東京の生まれ。第三次・第四次「新思潮」同人。大正5年（1916）「鼻」で夏目漱石に認められて作家として登場。新技巧派の代表作家とされる。昭和2年（1927）自殺。命日は河童忌という。作「羅生門」「地獄変」「河童」「侏儒(しゅじゅ)の言葉」「歯車」「或阿呆の一生」など。

名残(なご)り

「名残り」は、ある事柄が過ぎ去った後も、その気配や影響が残っていることをいいます。「波残(なみのこり)」の変化した語と考えられています。「波残」は、打ち寄せた波が引いた後に浜や磯に残った海水や小魚、海藻類のことや、海が荒れた後に風が収まってからもしばらく

波が立っていることをいったことばです。風流な語源ですね。
「なごり」と聞くと、歌手のイルカさんが歌ってヒットした「なごり雪」という曲を思い浮かべるかたもいるかもしれませんね。「なごり雪」もきれいなことばですが、季語としては、「名残の雪」の形が普通です。「名残の〜」というのは、その気配や影響、余韻が残っているとか、最後のとかいう意味です。たとえば「名残の雪」は春になってから降る雪、「名残の霜」は八十八夜頃に置く霜のことです。

熱海の海岸シーンが有名だが、実は未完の小説――尾崎紅葉『金色夜叉』

「名残り」は、尾崎紅葉（一八六八〜一九〇三）の小説『金色夜叉』（一八九七〜一九〇二年）の中で、次のように使われています。

「焼杭焼瓦など所狭く積重ねたる空地を、火元とて板囲も得為ず、それとも分かぬ焼原の狼藉として、鰐淵が家居は全く形を失へるなり。黒焦に削れたる幹のみ短く残れる一列の立木の傍に、塊堆く盛りたるは土蔵の名残と踏み行けば、

「灰燼(かいじん)の熱気は未だ冷めずして、微(ほのか)に面(おもて)を撲(う)つ」（後編・七・二）

『金色夜叉』は、主人公の間貫一(はざまかんいち)が、許嫁(いいなずけ)の鴫沢宮(しぎさわみや)が富に目がくらんで資産家と結婚することを知り、高利貸になって宮や社会に復讐(ふくしゅう)しようとするストーリーです。ただし未完です。

この小説のもっとも有名な場面、熱海の海岸で宮を蹴飛ばして出奔した貫一は、高利貸である鰐淵の手代となって働き始めます。ところがその鰐淵は、鰐淵のために息子が連帯保証人の公文書偽造の罪を着せられて刑務所に入れられた老女によって家に火を付けられ、夫婦ともども焼死してしまいます。

引用文は、その焼け跡で立ち尽くす貫一を描いた場面です。この後、貫一は高利貸という父親の家業を嫌っていた鰐淵の息子から、高利貸から足を洗うように説得されるのですが、拒絶するのでした。

「名残り」にはさらに、別れていく人や過ぎ去る物事を惜しむ気持ちという意味もあります。同じ『金色夜叉』では次のような文章に使われています。

「注げば又呷りて、その余せるを男に差せば、受けて納めて、手を把りて、顔見合せて、抱緊めて、惜めばいよいよ尽せぬ名残を、いかにせばやと思惑へる互の心は、唯それなりに息も絶えよと祈る可かめり」（『続続金色夜叉』四）

末尾の「可かめり」は、〜に違いないようだ、の意味です。貫一が那須に湯治に行き、そこで借金のために心中しようとする男女、お静と、彼女を救おうとして大変な借金を背負ってしまった狭山を助ける場面です。実はお静は、貫一の恋人だったお宮と結婚した資産家の富山唯継に身請けされそうになったのですが、狭山はそれを救おうとして借金を抱えてしまったのです。引用文は、お静と狭山が心中を図ろうとしているところで、まさに「尽きせぬ名残り」の場だったのです。

おざき・こうよう【尾崎紅葉】［1868〜1903］小説家。東京の生まれ。本名、徳太郎。別号、十千万堂など。山田美妙らと硯友社を興し、「我楽多文庫」を発刊。泉鏡花・徳田秋声など多くの門人を世に送り出した。作「三人妻」「多情多恨」「金色夜叉」など。

なまなか

「なまなか」は、中途半端であるさま、どっちつかずであるさまをいいます。

また、「なまなか」は、中途半端でかえって具合が悪いという気持ちを込めて副詞としても使います。たとえば、小栗風葉（一八七五〜一九二六）の小説『恋慕ながし』（一八九八年）では、

「生中教育を受けた為に極めて自尊心の強い所へ」（一一）

と使っています。『恋慕ながし』は、尺八奏者とバイオリニストの女学生が、恋ゆえに門付けにまでなるという話です。「生中」の表記に注目してください。「生中」ではありません。

熱狂的な接待を受けて感じる故郷の人の思いやり――太宰治『津軽』

太宰治（一九〇九〜四八）の小説『津軽』（一九四四年）の中で、「なまなか」は次のように使われています。

「生粋の津軽人というものは、ふだんは、決して粗野な野蛮人ではない。なまなかの都会人よりも、はるかに優雅な、こまかい思いやりを持っている」（二　蟹田）

小説『津軽』は、作家となった太宰治が、津軽半島を旅したときのことを書いた、紀行文的な作品です。津軽の地、青森県北津軽郡金木村（現五所川原市）が太宰の故郷でした。その旅の途次、太宰は生家も訪ね、また母親のように幼い太宰をかわいがり育ててくれた女中の「たけ」との再会も果たします。引用文は、蟹田（津軽半島東岸にあった旧町名）に立ち寄ったときのことです。

蟹田で「私」が中学時代の唯一の友人N君宅でカニをたらふく食べた翌朝、蟹田の人たちと観瀾山に花見に行くことになったのです。一行は町で一番大きな旅館で昼食を取り、さらにそのメンバーの一人、青森の病院蟹田分院の事務長Sさんの家まで行きます。そこで「私」は津軽人の自分でも面食らうような、「津軽人の本性を暴露した熱狂的な接待」を受けたのです。

でも心優しい太宰は、

「ぶえんの平茸ではないけれど、私も木曾殿みたいに、この愛情の過度の露出のゆえに、どんなにいままで東京の高慢な風流人たちに蔑視せられて来た事か」

（二　蟹田）


と、『平家物語』に描かれた木曽義仲の田舎武者ぶりを引いて、Sさんを擁護しています。

木曽殿の「ぶえんの平茸」というのはこのような話です。

猫間中納言光隆という公家が、都に駐留している義仲のところに来たときのことです。ちょうど食事時だったこともあって、新しい物はなんでも「無塩」（保存のために塩を用いていない食品）というと思い込んでいた義仲は、「ここに無塩の平茸がある。早く早く」

と言って準備させたという話です。義仲はおもてなしの心だったのですが、都の人はそれを田舎者だとあざ笑っているのです。都会人を気取るやからは昔からいたのでしょう。地方に行くと、その土地の人たちに思いも寄らぬ歓待を受けることがありますが、太宰はそれを思いやりの心だと述べているのです。津軽出身の太宰も、そのような心遣いを田舎者と言われて、嫌な思いをしたことがあったのでしょう、きっと。

願（ねが）わくは

「ねがわくは」は、どうか、望むことは、という意味で、多くは願望や希望の表現を伴い、ひたすら願う意を表します。

平安後期の歌人西行（さいぎょう）（一一一八〜九〇）が詠んだ和歌に、この「願わくは」を使った有名な歌があります。

「ねがはくは花のしたにて春死なんそのきさらぎの望月の頃」（『山家集』）

願うことなら桜の花の下で春に死にたいものである、陰暦二月の十五夜の頃に、という意味です。西行は二三歳で出家し、全国を行脚して歌を詠みました。

ところで、「願わくは」は、「願わくは来年も家族全員が元気に暮らせますように」のように、神様にお祈りをするときなどにも使います。ところがこの語を「願わくば」と言っている人がいるかもしれませんね。実は「願わくは」が本来の言い方で、「願わくば」は新しく生まれた言い方なのです。「願わくは」の「は」は助詞ですから、「ば」と濁らせて言うのはおかしいのです。ただ、ひょっとすると「願わくば」の方が言いやすいと感じる人がいるのかもしれません。確かに声に出して言ってみると「願わくば」の方が言いやすいような気もします。太宰治も『パンドラの匣』（一九四五～四六年）という小説の中で、

「日本の女優の写真とかえてくれねえか。こい願わくば、そうしてもらいたい」

（マア坊・三）

と使っています。

「願わくば」という人も増えてきているので、国語辞典の扱いは揺れています。「願わくは」を見出しとして、そこで「願わくば」の形もあると注記しているもの、「願わくば」を空見出し（参照項目）としているもの、「願わくば」は誤りだと言い切っているもの、以上の三つに分けられます。私は、文法的には誤りかもしれませんが、太宰も使っているというわけではなく、「願わくば」はかなり広まっているので、これを誤用だと決めつけるのは、願わくはやめてほしいと思っています。

五重塔建立に執念を燃やす名人大工——幸田露伴『五重塔』

幸田露伴（こうだろはん）（一八六七〜一九四七）はこの「願わくは」を、「風情」（P309）でも引用した小説『五重塔』（一八九一年）で次のように使っています。

「今や上人の招（よ）びたまふか、五重の塔の工事（しごと）一切汝（そなた）に任すと命令（いひつけ）たまふか、若（も）し又我には命じたまはず源太に任すと定（き）めたまひしを我にことわるため招ばれしか、然にもあらば何とせん、浮むよしなき埋れ木の我が身の末に花咲かむ頼みも永く無くなるべし、唯願はくは上人の我が愚鷙かしきを憐みて我に命令たまはむことをと」（八）

小説『五重塔』については、「風情」で詳しく書きました。主人公の大工十兵衛が、五重塔建立に執念を燃やす姿を描いた作品です。引用文は、東京の谷中感応寺の五重塔建立の計画を知った主人公の十兵衛が、すでに先輩の大工川越源太が仕事を請け負ったことを知りながら、感応寺の上人に自分にやらせてほしいと直談判をし、上人から呼び出しを受けて、裁可を待つ場面です。何としても自分に工事をやらせてほしいと願う十兵衛の気持ちを、細やかに描いています。

こうだ・ろはん【幸田露伴】［1867〜1947］小説家・随筆家・考証家。東京の生まれ。本名、成行。別号、蝸牛庵など。明治22年（1889）「露団々」「風流仏」で名声を確立。尾崎紅葉と並ぶ作家となった。のち考証・史伝・随筆に新境地を開いた。第1回文化勲章受章。小説「五重塔」「風流微塵蔵」「運命」「連環記」、評釈「芭蕉七部集」など。

六五　懇ろ（ねんごろ）

「ねんごろ」は、心を込めてするさま、親身であるさま、熱心であるさま、丁寧であるさまをいいます。

また「ねんごろ」は、男女の仲が親密であるという意味でも使います。織田作之助（一九一三〜四七）はデカダンス作家として知られていますが、そんな作家の作品とは思えない『猿飛佐助』（一九四六年）というユーモア小説があります。その中で、この意味の「ねんごろ」を次のように使っています。

「ひとり、庄屋の娘で、楓というのが、歌のたしなみがあって、返歌をしたのが切っ掛けで、やがてねんごろめいて、今宵の氏神詣りにも、佐助は楓を連れ出していたのだ」（火遁巻）

主人公の猿飛佐助は、もちろん真田幸村の家臣で、大坂冬の陣、夏の陣で大活躍したと伝えられる真田十勇士の一人です。でも、織田の小説の猿飛は気取り屋で、五七調で洒落(しゃれ)ばかり口にする、とんでもないお調子者です。猿飛は六歳のときに疱瘡(ほうそう)（天然痘）にかかり、医者も顔をそむけるようなひどいあばた面(づら)になるのですが、上品典雅のみやび男を気取っていて、怪しげな和歌を詠んでは近所の娘たちに贈っていました。それが、引用文にあるように庄屋の娘「楓」が猿飛に返歌をしたものですから、二人のおかしな関係が続くようになります。ただし、引用文では「ねんごろになって」ではなく「ねんごろめいて」と書かれていることに注目してください。「めいて（めく）」は、それらしき状態になるという意味です。二人の関係はそういうことだったのです。『猿飛佐助』は、戯作者を目指していた織田の怪作です。

夭折(ようせつ)した天才詩人の上に降る雪——中原中也『山羊の歌』

中原中也(なかはらちゅうや)（一九〇七～三七）の詩集『山羊(やぎ)の歌』（一九三四年）は、生前に刊行された唯一の詩集です。そこに収録された「生ひ立ちの歌」という詩の中で、心を込めてするさまの意味の「ねんごろ」を次のように使っています。

「私の上に降る雪に／いとねんごろに感謝して、神様に／長生したいと祈りました」（Ⅱ）

「生ひ立ちの歌」という詩は、全体がⅠとⅡに分かれています。そのほとんどは、「私の上に降る雪は」で始まる短い節で構成されています。たとえば、Ⅰの「幼年時」と名付けられた最初の節では、

「私の上に降る雪は／真綿（まわた）のやうでありました」

次の「少年時」は、

「私の上に降る雪は／霙（みぞれ）のやうでありました」

のように。そして、「十七―十九」「二十―二十二」「二十三」と続き、「二十四」が最後で、Ⅰが終わります。

ⅡはⅠのように年代別というわけではないのですが、やはり「私の上に降る雪は」で始まる節が繰り返されます。そして最後から二番目になる、引用した節だけ「私の上に降る雪に」となっているのです。詩人の上に降る雪は、厳しいときも優しいときもあったので

すが、それへの感謝の気持ちを抱き続けていたのでしょう。三〇歳という若さで、結核性脳膜炎で死去した中也ですが、今でも読む者の心を打つ抒情的な詩が数多くあります。

なかはら・ちゅうや【中原中也】［1907～1937］詩人。山口の生まれ。ランボーやベルレーヌに傾倒し、象徴的手法で生の倦怠（けんたい）と虚無感を歌った。詩集「山羊（やぎ）の歌」「在りし日の歌」など。

憚（はばか）りながら

「憚りながら」は、主に目上の人に向かって意見を述べる場合などに、無礼ではありますが、という意味を込めて前もって断るときに使います。恐れながらとか、遠慮すべきことかもしれませんが、という意味です。

また「憚りながら」は、自らを誇示するときなどに、不肖ながら、生意気なようだが、大きな口をきくようだがという意味でも使います。たとえば、夏目漱石（なつめそうせき）は『吾輩は猫であ

る』（一九〇五～〇六年）で、

「『何がやってるでえ、この野郎。しゃけの一切や二切で相変らずたあ何だ。人を見縊（みく）びった事をいうねえ。憚りながら車屋の黒だあ』と腕まくりの代りに右の前足を逆（さ）かに肩の辺まで掻き上げた」（二）

と使っています。この例からもわかるように、「憚りながら」は、大きな口をきく、ようだがといった意味では、たんかを切るときによく使います。「車屋の黒」は近所の黒猫で、引用文はその黒のものです。黒はべらんめえ調で乱暴者だったので、「吾輩」は苦手にしていました。

一瞬の出会いから生まれ、九年間秘め続けた恋——泉鏡花『外科室』

泉鏡花（いずみきょうか）（一八七三～一九三九）の短編小説『外科室（げかしつ）』（一八九五年）の中で、無礼でありますがという意味での「憚りながら」は、次のように使われています。

「串戯ぢやあない。あれ見な、やつぱりそれ、手があつて、足で立つて、着物も羽織もぞろりとお召しで、おんなじやうな蝙蝠傘で立つてるところは、憚りながらこれ人間の女だ、しかも女の新造だ。女の新造に違ひはないが、今拝んだのと較べて、どうだい。まるでもつて、くすぶつて、なんといつていいか汚れ切つてゐらあ。あれでもおんなじ女だつさ、へむ、聞いて呆れらい」(下)

『外科室』は、麻酔を拒んで手術を受けた貴船伯爵夫人と、執刀医の高峰との秘められた関係が、「外科室」で明らかになるというストーリーです。伯爵夫人は、自分は心に秘密があり、「麻酔剤」を打たれて眠ってしまうと、うわ言を言ってその秘密を人に知られてしまうかもしれないと、「麻酔剤」を使わせずに高峰による手術を受けます。そして手術の最中に、夫人は「でも、あなたは、あなたは、私を知りますまい!」と言って高峰が手にしていたメスに自分の手を添えて、乳の下を深くかき切ってしまうのです。高峰が「忘れません」と答えると、夫人はあどけない笑みを浮かべて絶命します。二人は、九年前に一瞬だけ出会ったことがあったのです。

引用文は、その九年前の出会いの場面です、高峰と友人が小石川の植物園にツツジを見に出掛けたときに、伯爵夫人一行とすれ違ったのです。そのとき高峰の傍に商人風の若者がいて、引用文のような会話を交わしていました。若者たちは、吉原にいる遊女と伯爵夫人を比べているのです。作中ではいっさい触れていないのですが、そのとき伯爵夫人は高峰の姿を認め、九年にわたって彼のことを思い続けていたのです。それは高峰も同じだったため、夫人が死んだ「同一日（おなじひ）」に、彼も死んでしまいます。『外科室』は恋愛至上主義をうたった作品です。

いずみ・きょうか【泉鏡花】
［１８７３～１９３９］小説家・劇作家。石川の生まれ。本名、鏡太郎。尾崎紅葉の門下。繊細優雅な文体で、独特の浪漫的境地を開いた。小説「夜行巡査」「照葉（てりは）狂言」「高野聖（こうやひじり）」「婦系図（おんなけいず）」「歌行灯（うたあんどん）」、戯曲「夜叉ヶ池」など。

六七　秘（ひ）めやか

「秘めやか」は、ひっそりと内に込めて、人に気づかれないさまをいいます。「やか」はそのような感じがするという意味の接尾語で、「鮮やか」「華やか」などの「やか」と同じです。同義語に「ひそやか（密やか）」があります。

この後、開高健（一九三〇〜八九）がサントリーの歴史を書いた『やってみなはれ　サントリーの七十年・戦後篇』（一九六九年）からの文章を引用しますが、開高は若い頃、洋酒メーカーのサントリーの宣伝部にいました。書名にした「やってみなはれ」は、サントリーの創始者鳥井信治郎の口癖だったようです。開高の『やってみなはれ』の中にも、このような部分があります。

「昭和三十五年の某日、佐治敬三は雲雀ケ丘の邸で静養している父信治郎の枕頭で、ビール製造の決意と企図をうちあける。信治郎はしばらく考えこんでいたが、やがて低い声で、自分はこれまでサントリーに命を賭けてきた。あんた

はビールに賭けようというねンな。人生はとどのつまり賭や。わしは何もいわない。『……やってみなはれ』といった」（一二）

「佐治敬三」は、鳥井信治郎の次男で、サントリーの二代目社長になった人物です。

磨き抜かれた文章は、単なる社史ではなく文学作品
――開高健『やってみなはれ　サントリーの七十年・戦後篇』

その開高健は、『やってみなはれ　サントリーの七十年・戦後篇』の中で、「秘めやか」を次のように使っています。

「ブレンドの技巧には天賦の才と本能が必要とされる。一瓶のウィスキーが生きるか、死ぬか。彼の鼻と舌、それから彼の全神経のざわめき、その渾沌(こんとん)とした海をこして、同時代の日本人のもっとも秘めやかで強力な心の内奥にひそむ希求をいかに洞察するか。いかにそれに応えるか。彼は官能の精と化して凝縮

し、また開花しなければならない。すべてがそこにかかってくるのである」（四）

開高は、ウイスキーもコニャックも、その香りと味はシンフォニーで、その総指揮をするのが「ブレンダー」（調合者）の仕事だと述べ、引用文に続きます。「同時代の日本人のもっとも秘めやかで強力な心の内奥にひそむ希求をいかに洞察するか」とありますが、ブレンダーの仕事とは、そのように奥の深いものだったのかと改めて驚かされます。ウイスキーは何年もの間熟成のために寝かせるものですから、人々の希求を洞察するというのは、仕込みのときではなく、熟成されて世に出る数年先を見越してのことでなければならないはずです。ウイスキーを飲むときの意識が変わるような文章です。私だけかもしれませんが。

開高は『やってみなはれ』の中で、同義語の「ひそやか」も使っています。

「冷徹で精緻なマーケット学や分析の背後に〝人〟がひそんでいて、もっとも深くひそやかな心の核が、夜ふけに孤独なベッドのなかで、賭と決定を決意する」（一一）

「冷徹な二代目、静穏な学者、温厚な紳士」と言われていた二代目佐治敬三が、ビール事業に参入することを決意する場面です。

開高の文章を読むと、「ひめやか」「ひそやか」ということばを巧みに使いこなし、単なる社史ではなく、日本の洋酒造りをリードしてきた経営者の心の奥底まで描こうとした、一編の文学作品のように思えてなりません。

無聊（ぶりょう）

「無聊」は、気が晴れないこと、退屈であること、心が楽しまないことをいいます。また「無聊」は、「無聊を慰める」「無聊をかこつ」などの形で使われることも多くあります。たとえば、夏目漱石（なつめそうせき）（一八六七～一九一六）は『吾輩は猫である』（一九〇五～〇六年）の中で「無聊を慰める」を、

「ここへ東風君さえくれば、主人の家へ出入する変人はことごとく網羅し尽したとまで行かずとも、少なくとも吾輩の無聊を慰むるに足るほどの頭数は御揃になったと云わねばならぬ」（六）

と使っています。まさに「吾輩」がしていた人間観察は、「無聊を慰める」ためだったのかもしれません。

また漱石は、小説『虞美人草』（一九〇七年）の中で、「無聊をかこつ」を使っています。「かこつ」は、嘆いたり愚痴を言ったりするという意味です。

「蟻は甘きに集まり、人は新しきに集まる。文明の民は劇烈なる生存のうちに無聊をかこつ」（一一）

引用文の少し後に、「文明の民ほど自己の活動を誇るものなく、文明の民ほど自己の沈滞に苦しむものはない」という文章があります。文明の民は常に忙しく活動して、何か刺激を受けていなければ満足しないという意味でしょう。

『虞美人草』は、教職を辞して朝日新聞社に入社した漱石が入社第一作として書いた小説です。自我が強く高慢な女性の甲野藤尾が二人の男を振り回す姿を通して、利己と道義の対立を描いた作品です。

以上の例を読むと、することがなくて退屈だと言うよりも、「無聊」を使った方が少しだけ高尚な感じに聞こえませんか。単に暇だということには変わりないのですが。

金貸しの妾と医大生の結ばれぬ淡い恋――森鷗外『雁』

「さようなら」（P361）でも引用した森鷗外（一八六二〜一九二二）の小説『雁』（一九一一〜一三年）では、「無聊」は次のように使われています。

「朝晩はもう涼しくても、昼中はまだ暑い日がある。お玉の家では、越して来た時掛け替えた青簾の、色の褪める隙のないのが、肱掛窓の竹格子の内側を、上から下まで透間なく深く鎖している。無聊に苦んでいるお玉は、その窓の内

で、暁斎や是真の画のある団扇を幾つも挿した団扇挿しの下の柱にもたれて、ぼんやり往来を眺めている」（一六）

本郷の無縁坂に住む金貸しの末造の妾お玉は、退屈で気の晴れない日々を送っていました。九月になると近所の東京大学の学生が国元から戻ってきたので、急ににぎやかになった往来を柱にもたれてぼんやりと眺めていたのです。このとき、窓の外を通る学生の一人だったのが、主人公の岡田です。ただ、お玉は岡田を見かけて「何とはなしに懐かしい人柄」だとは思ったものの、親しくなることはありませんでした。二人の関係が急接近したのは、「さようなら」で紹介した蛇の騒ぎだったのです。「無聊」という語に、お玉の暮らしぶりが込められている場面です。

もり・おうがい【森鴎外】［1862～1922］小説家・評論家・翻訳家・軍医。島根の生まれ。本名、林太郎。別号、観潮楼主人など。森茉莉の父。陸軍軍医としてドイツに留学。軍医として昇進する一方、翻訳・評論・創作・文芸誌刊行などの多彩な文学活動を展開。晩年、帝室博物館長。翻訳「於母影」「即興詩人」「ファウスト」、小説「舞姫」「青年」「雁」「ヰタ・セクスアリス」「阿部一族」「高瀬舟」「渋江抽斎」。

絆（ほだ）される

「絆される」は、相手の情に引きつけられて、心や行動の自由が縛られるという意味です。つなぎとめて動けないようにするという意味の動詞「ほだす（絆）」に、受身の助動詞「れる（る）」の付いたものです。「絆す」と書かれているのを見て何か気づきませんか。そうです、「きずな（絆）」と関係のある語なのです。「ほだす」は古語で、平安時代前期の歌物語『伊勢物語』にも「ほだされる（ほださる）」の次のような使用例があります。

「『かかる君に仕うまつらで、宿世つたなく、悲しきこと、この男にほだされて』とてなむ泣きける」（六五段）

「このような天子様にお仕え申し上げないで、前世からの因縁がわるく、悲しいことよ、この男の情にひかれて」と言って泣いたのだったという意味です。これを語っているのは天皇に仕えている女で、「男」とは色好みで美男子だったという在原業平のことです。業平に求愛された女は、立派な帝に仕えながら男の情にほだされて、男に心ひかれていく自分に罪悪感を抱いたのです。やがて二人の関係は帝の知るところとなり、男は流罪に、女は宮中から退出させられ蔵に押し込められてしまいます。

奔放に生き自滅する主人公のモデルは独歩の前妻——有島武郎『或る女』

「ほだされる」は、有島武郎（一八七八〜一九二三）の長編小説『或る女』（一九一九年）で、次のように使われています。

「木村の訪問したというのを聞いて、ひどくなつかしそうな様子で出迎えて、兄でも敬うようにもてなして、やや落ち付いてから隠し立てなく真率に葉子に対する自分の憧憬のほどを打ち明けたので、木村は自分のいおうとする告白を、他人の口からまざまざと聞くような切な情にほだされて、もらい泣きまでしてしまった」（前編・二〇）

『或る女』は、主人公の早月葉子が自我に目覚めながらも社会に受け入れられず、次第に自滅してゆく姿を描いた作品です。木部孤笻という作家との恋愛結婚に失敗した葉子は、周囲の者が決めた在米中の結婚相手のもとに向かいます。その相手というのが、引用文に名のある「木村」です。ところが葉子は、船中で知り合った船の事務長倉地の野性味あふれる姿にひかれ、身を任せてしまうのです。倉地は妻子のある身でした。

船がシアトルに到着し、葉子は迎えに来た木村と船内で会います。生真面目な木村の様子に嫌悪感さえ抱いた葉子ですが、倉地と木村をもてあそぶような振る舞いをします。船で知り合った岡といううぶな若者とのことを木村に話し、さらに岡の口から木村に自分と倉地との関係を語らせて、木村を苦しめようとするのです。引用文は、木村が岡に会いに行った場面です。岡の葉子への思いを聞いた木村は、岡の純な気持ちに「ほだされ」て、もらい泣きまでしてしまいます。本当にいい人だったのです。でも、そんなところも葉子にとっては耐えられなかったのでしょう、なんと葉子は病気を口実に、同じ船で日本に引き返してしまいます。この後、日本に帰り倉地と暮らすようになるのですが、そこには破滅が待っていました。

蛇足ですが、葉子にはモデルがいました。国木田独歩の前妻佐々城信子です。ということは、葉子の最初の夫、木部孤笻は本書の「清か」（P102）「滔々」（P148）でその作品を引用している独歩がモデルということになります。『或る女』では、葉子にとっての木部は、「取り所のない平凡な気の弱い精力の足りない男に過ぎなかった」（二）などと書かれています。今だったら名誉毀損で訴えられそうですが、『或る女』が発表されたとき、独歩はすでに逝去していました。

ありしま・たけお【有島武郎】［1878〜1923］小説家。東京の生まれ。有島生馬・里見弴の兄。「白樺」の創刊に参加。大正12年（1923）「宣言一つ」に自己の立場を表明したのち、愛人と情死。作「或る女」「生れ出づる悩み」「カインの末裔」「惜みなく愛は奪ふ」など。

本懐（ほんかい）

「本懐」は、かねてからの願い、本来の希望という意味です。

企業小説を数多く書いた城山三郎（一九二七〜二〇〇二）に、企業小説ではありませんが、『男子の本懐』（一九八〇年）と題された小説があります。一九三〇年に金解禁を遂行した政治家浜口雄幸（はまぐちおさち）と井上準之助（いのうえじゅんのすけ）を描いた作品です。ＮＨＫのテレビドラマにもなりましたので、「本懐」という語をそれで印象付けられたかたも多いかもしれませんね。

ところで、「本懐」は「本懐を達する」「本懐を遂げる」の形でよく使われます。この「達する」「遂げる」のように、語と語の結びつきが強い関係を「コロケーション」といいます。「本懐を達する」は、たとえば「よすが」（Ｐ179）で引用した菊池寛（きくちかん）（一八八八～一九四八）の『恩讐（おんしゅう）の彼方（かなた）に』（一九一九年）の中でも、

「子細あって、その老僧を敵（かたき）と狙い、端（はし）なくも今日（こんにち）めぐりおうて、本懐を達するものじゃ、妨げいたすと、余人なりとも容赦はいたさぬぞ」（四）

と使われています。また「本懐を遂げる」は、芥川龍之介（あくたがわりゅうのすけ）（一八九二～一九二七）の『伝吉の敵打（かたきう）ち』（一九二三年）という短編小説で、

「父の伝三の打たれた年からやっと二十三年目に本懐を遂げようとするのであ

る」

と使われています。たまたまなのかもしれませんが、「本懐」は小説の中では、戦とか仇討ちとか、威勢のいい場面で使われることが多いようです。

戦国武将真田一族の存亡を描く――池波正太郎『真田太平記』

「本懐」は単独ですと、たとえば池波正太郎（一九二三〜九〇）の長編時代小説『真田太平記』（一九七四〜八三年）では、次のように使われています。

「大和口のほうは牢人戦将が多いというので、これを監視するために伊木七郎右衛門を加えた。いまこのときになって、軍監も何もあったものではないはずだ。伊木七郎右衛門は、『自分が真田殿と共に戦うことは本懐である。なれど、戦目付などという名目は消していただきたい』と、大野治長へ食ってかかったそうな。『伸るか、反るか…』、大事の一戦である。そうしたときに、牢人戦将

たちへ不快のおもいを抱かせるようなことをするのは、『痴愚もきわまった』と、伊木はなげいた」（大坂夏の陣・八）

池波正太郎は、『鬼平犯科帳』『剣客商売』などの連作時代小説で知られていますが、戦国時代に活躍した真田昌幸を中心とする、信州真田家の存亡を描いた大河小説も書いています。

引用文はその『真田太平記』のクライマックス、大坂夏の陣の場面です。元和元年（一六一五年）夏、徳川方が前年の冬の陣の和議の条件に反して大坂城内堀を埋めたことから、豊臣方が兵を挙げたのが大坂夏の陣です。「伊木七郎右衛門」は豊臣秀吉に仕えていた武将ですが、関ヶ原の戦いで西軍に参加したため浪人となり、大坂冬の陣の折に大坂方に加わったのです。その際に、真田幸村が築き徳川方を苦しめた真田丸という出城に入り、幸村とともに戦いました。大野治長は豊臣秀頼に仕え、淀君の信頼の厚かった武将です。幸村の戦い方を知り尽くしていた伊木七郎右衛門は目付役を命じられましたが、そのような役目ではなく幸村とともに戦うことを心から願ったのです。

この後、小説は大坂夏の陣における真田幸村、大助父子の活躍という最大のクライマックスへと続きます。

いけなみ・しょうたろう【池波正太郎】
［1923〜1990］小説家・劇作家。東京の生まれ。新国劇の戯曲を執筆した後、長谷川伸に師事。庶民的な作風と会話文のテクニックを生かした時代物で人気を集める。「錯乱」で直木賞受賞。他に「鬼平犯科帳」「剣客商売」「真田太平記」など。

愛（め）でる

七一

「愛でる」は、大きく分けると三つの意味があります。
（1）心がひかれ、素晴らしいと思う、感動するという意味。
（2）いとしく思ったり、かわいく思ったりするという意味。
（3）感心する、ほめるという意味。
いずれにしても、対象となるものに心がひかれ、その対象が何かによって、感動したり、愛したりする気持ちが起こるというのが原義のようです。

三人の作家の使い分け――折口信夫『文学を愛づる心』、樋口一葉『たけくらべ』、菊池寛『恩讐の彼方に』

（1）の意味ですと、次のような使用例があります。折口信夫（一八八七〜一九五三）の、その名もずばり、『文学を愛づる心』（一九四六年）という短いエッセーの書き出しの部分です。

「文学を愛でてめで痴れて、やがて一生を終えようとして居る一人の、追憶談に過ぎぬかも知れない」

文学をこよなく愛した人間の追憶談だといっているのですが、その文学を「愛でてめで痴れて」というところがすごい表現だと思います。折口は、かつて『源氏物語』が男女の淫らなことをつづった書として排斥された時代があり、自分がそれを防ぐことができなかったことを悔いて、このエッセーを書いたのでした。

（2）の意味では、樋口一葉（一八七二〜九六）の小説『たけくらべ』（一八九五〜九六年）で、次のように使われています。

「或る霜の朝水仙の作り花を格子門の外よりさし入れ置きし者の有けり、誰れの仕業と知るよし無けれど、美登利は何ゆゑとなく懐かしき思ひにて違ひ棚の一輪ざしに入れて淋しく清き姿をめでけるが、聞くともなしに伝へ聞く其明けの日は信如が何がしの学林に袖の色かへぬべき当日なりしとぞ」（一六）

『たけくらべ』は、東京の吉原界隈の下町を舞台に、妓楼大黒屋の養女美登利と、龍華寺の信如の淡い恋を中心に、遊郭付近の少年少女の姿を描いた作品です。引用文は、この小説の末尾の部分です。ある朝、誰かが家の門に差し入れた造花の水仙の花を、美登利はなぜか愛おしんだというのです。後にその造花が差し入れられた日の朝に、信如が学林（僧侶が学問を学ぶところ）に向かったということを美登利は知るのです。二人の淡い恋が終わりを告げる、切ない場面です。

（3）の意味では、菊池寛（一八八八〜一九四八）の小説『恩讐の彼方に』（一九一九年）でも使われています。この小説は、「よすが」（P179）でも引用しました。

「実之助は、市九郎と群衆とを等分に見ながら、『了海の僧形にめでてその願い許して取らそう。束えた言葉は忘れまいぞ』と、言った」（四）

親の仇である了海（市九郎）とようやく巡り合えた実之助ですが、仇討ちを果たそうとすると、了海と一緒に洞門の掘削をしていた石工たちに妨害されてしまいます。石工たちは、洞門が貫通するまで了海の命を自分たちに預けてもらえないかと懇願するのでした。これに対して実之助は、了海が僧形となっていることに感服したとして、願いを受け入れたのです。「つがえる」は固く約束するという意味です。

おりくち・しのぶ【折口信夫】［1887～1953］国文学者・民俗学者・歌人。大阪の生まれ。号、釈迢空。国学院大・慶応大教授。日本文学・古典芸能を民俗学の観点から研究。歌人としても独自の境地をひらいた。歌集「海やまのあひだ」、詩集「古代感愛集」、小説「死者の書」、研究書「古代研究」など。

ひぐち・いちよう【樋口一葉】［1872～1896］小説家・歌人。東京の生まれ。本名、なつ。中島歌子に和歌を学び、半井桃水を小説の師とした。「文学界」の同人と親交。民衆の哀歓を描き、独自の境地を示した。小説「たけくらべ」「にごりえ」「十三夜」など。

ゆかしい

「ゆかしい」は、気品や情趣、優美さなどがあって、何となく心がひかれるという意味です。動詞「ゆく（行）」が形容詞になったもので、もともとは心ひかれそこに行きたいと思うということで、そこから、何かに心がひかれ実際に自分で接してみたいという気持ちを表すようになりました。たとえば、鎌倉末期の兼好法師の『徒然草』の有名な「花はさかりに、月はくまなきをのみ見るものかは」で始まる第一三七段に、

「忍びて寄する車どものゆかしきを、それか、かれかなど思ひ寄すれば」

という箇所があります。古語ですから「ゆかし」の形ですが、目立たぬようにそっと寄せ

る牛車があれこれ心ひかれるので、車の主人はあの人かこの人かと推測しているということで、「ゆかし」は本来の意味で使われています。

これが、情趣や気品などがあって何となく心がひかれるという意味になるわけで、この意味では、松尾芭蕉(まつおばしょう)の俳諧(はいかい)紀行集『野ざらし紀行』（一六八五〜八六年頃）所収の次の句がわかりやすいでしょう。

「山路来てなにやらゆかしすみれ草(ぐさ)」

山路を越えてきてふと道ばたに咲いている可憐(かれん)なスミレの花を見つけ、心ひかれているのです。

なお「ゆかしい」には、慕わしい、懐かしい、昔がしのばれるといった意味もあり、「古式(こしき)ゆかしく」の形でよく使われます。たとえば、安岡章太郎(やすおかしょうたろう)（一九二〇〜二〇一三）の小説『大世紀末サーカス』（一九八四年）に、

「随員も官位勲等に応じて、色とりどりの狩衣(かりぎぬ)だの、布衣(ほい)だの、素袍(すおう)だのを、

それぞれ古式ゆかしくまとっていたというから、たしかにこれはパリの街頭で異彩をはなったはずである」（パリの空は晴れても）

『大世紀末サーカス』は幕末維新の時代に、米欧各地を巡業した日本の曲芸師一座の行状記です。ただし引用文は、後に最後の水戸藩主となる徳川昭武（とくがわあきたけ）が一八六七年にパリで開かれた万国博覧会に、将軍徳川慶喜（よしのぶ）の名代として参列したときのことです。この「古式ゆかしい」ですが、これを「古式豊かに」という人が増えています。「古式ゆかしく（ゆかしい）」が本来の言い方ですので、気をつけましょう。

書斎に静かに座り思い起こすさまざま――夏目漱石『硝子戸の中』

夏目漱石（なつめそうせき）（一八六七～一九一六）は『硝子戸の中（がらすどのうち）』（一九一五年）という随想集で、「ゆかしい」を上品であるという意味で使っています。

「悪戯（いたずら）で強情な私は、決して世間の末ッ子のように母から甘く取扱かわれなかった。それでも宅中で一番私を可愛がって呉れたものは母だという強い親しみの心が、母に対する私の記憶の中には、いつでも籠っている。愛憎を別にして考えて見ても、母はたしかに品位のある床しい婦人に違なかった。そうして父よりも賢こそうに誰の目にも見えた」（三八）

「硝子戸の中」とは書斎のことで、この作品では漱石の若かりし頃の思い出も数多く語られています。ところで、漱石は「床しい」と書いていますが、これは当て字です。

ゆくりなく

「ゆくりなく」は、思いがけなく、突然に、偶然にという意味です。不意である、予想もしないようなさまであるという意味の古語の形容詞「ゆくりなし」からで、文法的に説明すると、その連用形です。

また「ゆくりなく」は、「ゆくりなくも」の形で、思いがけなくも、偶然にもという意味で使われます。「一縷」（P134）で引用した、久米正雄（一八九一〜一九五二）の『受験生の手記』（一九一八年）の中でも、次のように使われています。

「場内は電灯が光り輝いていると云っても、どことなく暗かった。私はゆくりなくも、記念祭の日の出来事を思い出した。私は眼では見なかったが、私の左手から三寸と離れない處に、彼女の手が置いてあるのを知っていた。私はそれにムヅ痒ゆいような誘引力を感じた」（八）

『受験生の手記』は、旧制高校への入学を目指していた主人公が受験に失敗し、さらには思いを寄せていた少女も、自分ではなく弟に恋心を抱いていることを知り、ふるさと福島の猪苗代湖に身を投じるまでを描いた作品です。引用文の「記念祭」というのは、主人公が二度目の受験の前に少女と一緒に行った一高の記念祭のことです。それは主人公にとって楽しい思い出でした。その後、また少女と博覧会に行って手品を見たときに、記念祭のことを思い出して、主人公は意を決して少女の手を握るのでした。結果はというと……。ご想像の通りです。

古代研究の成果を幻想小説に――折口信夫『死者の書』

「ゆくりなく」は、たとえば折口信夫（筆名釈迢空）（一八八七～一九五三）の小説『死者の書』（一九四三年）では、次のように使われています。

> 「父藤原豊成朝臣、亡父贈太政大臣七年の忌みに当る日に志を発して、書き綴った『仏本伝来記』を、其後二年立って、元興寺へ納めた。飛鳥以来、藤原氏とも関係の深かった寺なり、本尊なのである。あらゆる念願と、報謝の心を籠めたもの、と言うことは察せられる。其一巻が、どう言う訣か、二十年もたってゆくりなく、横佩家へ戻って来たのである」（一〇）

『死者の書』は国文学者、民俗学者で歌人だった折口が、古代研究の成果を小説として表現した作品です。謀反の罪で刑死した大津皇子の魂が、大和国と河内国の境にある二上山に埋葬されて何十年もたったのち、墓の中でよみがえります。大津皇子のことは「暁」（P22）「莫逆」（P368）でも触れましたが、天武天皇の死後、皇太子草壁皇子に対して謀反を企てたとして刑死します。その大津の執着の心にひきつけられた藤原南家（藤原不比等の長男武智麻呂を祖とする系統。豊成は武智麻呂の長男）の郎女は、二上山の背景に現れる仏の姿に憧れて、山のふもとにある当麻寺に至ります。そこで、蓮糸で曼陀羅図を織り上げるまでが描かれています。曼荼羅図のことは、藤原豊成の娘が、大和当麻寺に入って尼となり、仏行に励んで一夜のうちに蓮糸で観無量寿経の曼荼羅を織ったという、中将姫伝説に拠っています。

引用文は、郎女の父豊成の供養のために書き綴り、飛鳥寺（元興寺）に奉納した「仏本伝来記」と名付けられた縁起文が、横佩家（豊成は横佩の大臣と呼ばれていた）に思いがけず戻ってきたという内容です。

ゆるがせ

「ゆるがせ」は、物事をいいかげんにしておくさま、なおざりにするさまをいいます。「ゆるがせ」は漢字では「忽せ」と書きます。「あに図らんや」（P128）で引用した永井（ながい）荷風（かふう）（一八七九～一九五九）の小説『つゆのあとさき』（一九三一年）では、

　「銀座のカッフェーへ出てから今日まで一人もその時分のお客には出逢わなかったので、月日と共に一時の用心もおのずから忽せ（ゆるがせ）になった時、今夜突然、自分の乗っている車の運転手から呼び掛けられ、君江はさすがにびっくりはしたものの」（八）

と使われています。主人公でカフェーの女給の君江は、たまたま仲間と乗った円タク（料金が一円均一のタクシー）の運転手から、仲間が下車して一人になったときに、芸者時代の君江と会ったことがあると言われ驚いたのです。自分の前身を知る者と会うことなどほ

とんどないだろうと、油断していた矢先のことだったからです。ここでも「ゆるがせ」が効果的に使われています。君江はこの運転手にしつこく絡まれたので、知らない場所でしたが車を止めさせて雨の中を車外に出ます。君江が外に出るか出ないかのときに、運転手は急に発車させ、「ざまア見ろ。淫売（いんばい）」と捨てぜりふを吐いて立ち去ります。君江はでんぐり返しをうって雨の中に投げ出され、額から血を流してしまいます。

木曽路の宿場を舞台に幕末・維新を描く――島崎藤村『夜明け前』

島崎藤村（しまざきとうそん）（一八七二〜一九四三）の長編小説『夜明け前』（一九二九〜三五年）で、「ゆるがせ」は次のように使われています。

「この戦争はいろいろなことを教えた。政府が士族の救済も多く失敗に帰し、戊辰（ぼしん）当時の戦功兵もまた報いらるるところの少なかったために、ついに悲惨な結果を生むに至ったことを教えたのもこの戦争であった。西郷隆盛らは古武士の最後のもののように時代から沈んで行ったが、しかし武の道のゆるがせにすべきでないことを教えたのもこの戦争であった。もし政府が人民の政府であることを反省しないで威と名の一方にのみ注目するなら、その結果は測りがたいものがあろうことを教えたのもまたこの戦争であった」（第二部・下・一二・四）

「木曽路はすべて山の中である」という有名な書き出しの長編小説『夜明け前』は、作者島崎藤村の父をモデルに、木曽馬籠宿を主な舞台にした、幕末から維新にいたる動乱期を描いた歴史小説です。中仙道馬籠宿本陣の嫡男として生まれた青山半蔵は、明治維新の精神的指導力となった平田派の国学に傾倒して王政復古を願い、封建的な制度から脱したいと考えていました。そんな彼にとって、明治維新は何よりも喜ばしいことでした。

ところが、維新後の改革は西洋一辺倒の文明開化であり、幕府時代と代わり映えのしない暴政が続きました。失望した半蔵は、西洋文明の氾濫を放置すべきではないという思いを詠み込んだ和歌を扇子に書き、明治天皇の行列に献じようとしたのですが、罪に問われてしまいます。やがて精神を病んで菩提寺に放火し座敷牢に押し込められます。そして、そこで正気に戻らないまま脚気衝心によって死んでしまいます。

引用文は、半蔵が一八七七年（明治一〇年）の西郷隆盛を中心とする薩摩士族らの反政府戦争、西南戦争の顛末を知って、思いを巡らせている場面です。半蔵は、西南戦争が起きた原因は、明治新政府が戊辰戦争以後の士族の扱いをなおざりにしたことだと考えたのです。

しまざき・とうそん【島崎藤村】
［1872〜1943］詩人・小説家。筑摩県馬籠村（のちの長野県神坂村。山口村など名称の変更を経て、現在は岐阜県中津川市）の生まれ。本名、春樹。北村透谷らの「文学界」創刊に参加。詩集「若菜集」を発表して、浪漫主義詩人として出発。小説「破戒」によって作家としての地位を確立、自然主義文学の先駆となる。ほかに詩集「落梅集」、小説「春」「家」「新生」「夜明け前」など。

第五章

人間の性質

〈七五〜八三〉

いたいけ

＝子どもなどが幼くてかわいらしいさま、弱々しくいじらしいさま

「汽車の通るのを仰ぎ見ながら、一斉に手を挙げるが早いか、いたいけな喉を高く反らせて、何とも意味の分らない喊声を一生懸命に迸らせた。するとその瞬間である。窓から半身を乗り出していた例の娘が、あの霜焼けの手をつとのばして、勢よく左右に振ったと思うと、忽ち心を躍らすばかり暖な日の色に染まっている蜜柑が凡そ五つ六つ、汽車を見送った子供たちの上へばらばらと空から降って来た」

——芥川龍之介『蜜柑』より

愛（あい）くるしい

七五

「愛くるしい」は、子どもや小動物などの愛嬌（あいきょう）があってかわいらしいさまをいいます。また、「愛くるしい」は「さ」という接尾語を付けて「愛くるしさ」の形でもよく使われます。太宰治（だざいおさむ）（一九〇九～四八）の『二十世紀旗手（にじっせいききしゅ）』（一九三七年）という小説の中でも、次のように使われています。

「旗取り競争第一着、駿足の少年にも似たる有頂天の姿には、いまだ愛くるしさも残りて在り、見物人も微笑、もしくは苦笑もて、ゆるしていたが」（序唱　神の焔（ほのお）の苛烈を知れ）

『二十世紀旗手』は不思議な小説です。小説と呼べるかどうかもわかりません。ただ、いまだ「愛くるしさ」の残った「旗取り競争第一着」の者とか、作品の後半ではタイトルと同じように「二十世紀の旗手」とかいう表現も出てきますので、「二十世紀旗手」とは、既存の文学にはとらわれないという太宰の自負心の宣言のような気がします。

ところが、そのように宣言しておきながら、この小説の副題、あるいはエピグラフは、「生れて、すみません」なのです。高らかに宣言をしておいて、このような副題を付けてしまうところが太宰治らしいなと思います。ところで、この「生れて、すみません」は太宰のことばとしてよく知られていますが、実は太宰のオリジナルではありません。その辺の事情は太宰と親しかった文芸評論家の山岸外史（一九〇四〜七七）が、『人間太宰治』（一九六二年）で詳しく書いていますので、興味のある方はその本をご覧ください。

妻に亡き母親の面影を重ねた悲劇——水上勉『越前竹人形』

「愛くるしい」は、水上勉（一九一九〜二〇〇四）の小説『越前竹人形』（一九六三年）では、次のように使われています。

「女はうす暗い喜助の仕事場を奥の方まで覗くようにして敷居際にくると、細い眼をしばたたかせ、にっこりした。整った顔だちだった。細い糸のような眼

をしている。丸顔のぽっちゃりした愛くるしい顔だ。それは、喜助にはやさしくみえた」（一）

「喜助」は、福井県（越前）の山奥にある竹神という土地で、父親の代から竹細工師だった若者です。父親の喜左衛門は体が小さく腕力もなかったため、竹の産地である竹神で竹細工を始めて近所の人に広めたのです。息子の喜助もやはり父親と同じ容姿をしていたため、父親の跡を継いで竹細工師になろうとしていました。ところが喜左衛門は、喜助が二一歳のときに仕事場で倒れ死んでしまいます。喜左衛門の葬儀が済んだある日、引用文の「女」が墓参りをしたいと言って訪ねてきたのです。引用文は、喜助がその女性の姿を見た場面です。芦原（あわら）の玉枝と名乗ったその女性は、父親が生前なじんでいた娼妓でした。

やがて、喜助は一〇歳ほど年の離れた玉枝を妻にします。喜助は玉枝に、幼いときに死んだ母親の面影を重ねていたのです。そのように結婚した二人でしたが、喜助が夫婦関係を拒み続けたために悲劇が訪れます。竹神に来た京都の人形問屋の番頭が、玉枝が京都島原の遊郭にいたときのなじみの客だったのです。玉枝はその番頭に犯され、妊娠し、流産してしまいます。そして結核に罹（かか）っていた玉枝は大喀血（かっけつ）の後、喜助にみとられて死んでしまいます。

ところで、作者の水上は小説の末尾で、今日「越前竹人形」という真竹製の量産品が出回っているが、物語とは何の関係もないと述べています。そちらの「越前竹人形」は福井県坂井市を中心に生産される民芸玩具です。

みずかみ・つとむ【水上勉】［1919〜2004］小説家。福井の生まれ。幅広い題材と、弱者に向けられた温かいまなざしで数多くの作品を執筆し、昭和を代表する人気作家となった。人物評伝でも実力を発揮し、映像化された作品も多い。「雁(がん)の寺」で直木賞受賞。他に「飢餓海峡」「五番町夕霧楼」「一休」など。芸術院会員。平成10年（1998）文化功労者。

いたいけ

「いたいけ」は、子どもなどが幼くてかわいらしいさま、弱々しくいじらしいさまをいいます。「痛き気」の変化で、胸が痛むほどかわいいという意味から生まれたことばだと

いわれています。それだけでもすてきなことばだと思いませんか。ただ、今では幼いという意味が強調されて、漢字で「幼気」と書くことがあります。

なお、「いたいけない寝顔」のように「いたいけない」ともいいますが、これは「いたいけな」と、幼くて小さいさまをいう「いとけない」とが混同してできた、比較的新しい語です。

色彩のコントラストを美しく描写――芥川龍之介『蜜柑』

芥川龍之介（一八九二〜一九二七）は、『蜜柑』（一九一九年）という短編で、「いたいけ」を次のように使っています。

「汽車の通るのを仰ぎ見ながら、一斉に手を挙げるが早いか、いたいけな喉を高く反らせて、何とも意味の分らない喊声を一生懸命に迸らせた。するとその瞬間である。窓から半身を乗り出していた例の娘が、あの霜焼けの手をつとのばして、勢よく左右に振ったと思うと、忽ち心を躍らすばかり暖な日の色に染まっている蜜柑が凡そ五つ六つ、汽車を見送った子供たちの上へばらばらと空から降って来た」

『蜜柑』は、小説というよりはエッセーのような短い作品です。ある冬の日に、「私」は横須賀からの上り列車の車中で、年の頃十三、四くらいのいかにも田舎者らしい娘を見かけます。「私」はその下品な顔立ちと、二等列車に三等の切符で乗り込んできた娘の愚鈍な心に腹を立てます。やがてこの娘は「私」の隣の席に移動して、列車の窓を無理に開けようとしたのです。程なく列車がトンネルに差しかかったときに、なかなか開かなかった窓が急に開いて、その当時は蒸気機関車ですから、煙が車内に充満してしまいます。でも娘はそんなことおかまいなしに、窓の外に首を伸ばして列車の進行方向を一心に見つめていました。そのとき「私」は、踏切の柵の向うに頬の赤い男の子が三人、目白押しに並んで立っているのに気づいたのです。

この三人の男の子たちが、引用文にもあるように、「いたいけな喉を高く反らせて」歓声を上げたのです。男の子はうちそろってこの町外れの陰惨たる風物と同じような色の着物を着ていましたが、その子たちに向かって娘は、「心を躍らすばかり暖な日の色に染まっている蜜柑」を車窓から投げたのです。モノトーンの情景の中に、黄色い蜜柑がばらまかれる色彩のコントラストを想像してみてください。何ともいえない素晴らしい描写だと思いませんか。

「私」は娘のこの行為を、これから奉公先へ赴く姉が、わざわざ踏切まで見送りに来てくれた弟たちの労に報いるために蜜柑を窓から投げたのではないかと推測します。そして、「私は昂然と頭を挙げて、まるで別人を見るようにあの小娘を注視」するのでした。芥川は「私はこの時始めて、云いようのない疲労と倦怠とを、そうして又不可解な、下等な、退屈な人生を僅に忘れる事が出来たのである」いう文章で結んでいます。田舎者らしい少女の一瞬の行為に、芥川はこの少女の内面の豊かさを読み取ったのでしょう。

『蜜柑』は芥川らしからぬ、というといささか語弊があるかもしれませんが、温かな気分にさせられる作品です。

あくたがわ‐りゅうのすけ【芥川竜之介】［1892～1927］小説家。東京の生まれ。第三次・第四次「新思潮」同人。大正5年（1916）「鼻」で夏目漱石に認められて作家として登場。新技巧派の代表作家とされる。昭和2年（1927）自殺。命日は河童忌という。作「羅生門」「地獄変」「河童」「侏儒の言葉」「歯車」「或阿呆の一生」など。

面差（おもざ）し

七七

「面差し」は、顔つきや顔だち、顔の様子をいうことばです。「差し」は動詞「差す」からですが、名詞に付いて、その物の姿、状態、様子などを表します。目の表情を「まなざし」といいますが、それも同じです。

歌人の与謝野晶子（よさのあきこ）（一八七八～一九四二）は、「面差し」を詠み込んだこんな面白い短歌を作っています。

「おもざしの似たるにまたもまどひけりたはぶれますよ恋の神々」（『みだれ髪』一九〇一年）

あの人に似た人にまた会って、また心を惑わせてしまった。恋の神々はなんといたずらなのでしょう、という意味かと思います。軽い、何となくユーモアさえ感じさせる恋愛歌です。情熱的な歌人と思われている与謝野晶子にも、このような歌があったのですね。

詩人や小説家がモデルとなって登場――堀辰雄『菜穂子』

「面差し」は、堀辰雄（ほりたつお）（一九〇四～五三）の小説『菜穂子（なおこ）』（一九四一年）の中で、次のように使われています。

「娘の看病の合間に彼にも薬など進めに来てくれるおようの少し老けた顔などを見ながら、この四十過ぎの女にいままでとは全く違った親しさの湧くのを覚えた。おようがこうして傍に坐っていて呉れたりすると、彼の殆ど記憶にない母の優しい面ざしが、どうかした拍子にふいとあの枝の網目の向うにありありと浮いて来そうな気持ちになったりした」（菜穂子・二一）

『菜穂子』は、信州が舞台です。母親と年下の作家との悲劇的な恋を知った菜穂子は、母とは別の道を歩もうと愛のない結婚をしてしまいます。ところが、幼なじみの都築明（つづきあきら）と再会したことから、自己を見つめ直すことになり、己の生き方に葛藤するようになるのでした。堀辰雄唯一の長編小説ですが、登場人物の幾人かにはモデルがいるといわれています。

引用文中の「彼」もその一人です。小説では都築明という名ですが、堀辰雄の弟子で詩人の立原道造（一九一四〜三九）の人物像が色濃く反映されています。立原は、詩集『萱草に寄す』『暁と夕の詩』などに収められた、多くの抒情詩を遺しましたが、堀が『菜穂子』を執筆中だった一九三九年に結核性肋膜炎のため二四歳で夭折してしまいます。なお「夕映え」（Ｐ79）で、立原のソネット（十四行詩）を一部ですが引用しています。

明は副主人公的な存在ですが、作品の中では菜穂子と明のことが、まるで二つの旋律が絡み合うように描かれています。「およう」は、都築明が静養のために滞在したＯ村の宿屋牡丹屋の主人の姉です。一度嫁いだのですが実家に戻っていました。「およう」は、寝たきりの娘の看病をしながら、合間に明の面倒を見てくれます。七歳の時に両親を亡くし、叔母に育てられた明は、そんな「およう」に記憶のない実母の俤を見、ひそかに慕うのです。作者の堀辰雄にとってもこの「およう」はとても印象深い女性だったのでしょう。一九四三年に「およう」を主人公にした『ふるさとびと』という短編も書いています。こちらにも、菜穂子とその母、母の恋人の森なども少しだけ登場します。

ちなみに、菜穂子の母は歌人の松村みね子（片山広子）が、母の恋人森於菟彦（もりおとひこ）は芥川龍之介がモデルだと考えられています。

ほり・たつお【堀辰雄】［1904〜1953］小説家。東京の生まれ。芥川竜之介に師事。フランス文学、特に心理主義的手法の影響を受け、知性と叙情の融合した独自の世界を築いた。作「聖家族」「風立ちぬ」「菜穂子」「美しい村」など。

弱冠（じゃっかん）

七八

「弱冠」は、男子二〇歳の異称です。本来は古代中国の周の制度で、男子二〇歳を「弱」といい、そのときに元服して冠（かんむり）をかぶるところから生まれた語です。

でも実際には、「弱冠二三歳で横綱になる」などのように、二〇歳に限らず、年が若いという意味で使われることが多いと思います。そして、その年齢が表現する人によってかなり幅がある、ちょっと面白いことばなのです。そう思っているのは私だけかもしれませんが。

たとえば、実際に使われている例で最も年齢が上なのは、私が気づいた限りでは、

「弱冠四三歳にしてトップに立ったリーダーはどこが凄(すご)いのか？　アメリカの世論を覆したイギリス首相」（大前研一『「リーダーの条件」が変わった』二〇一一年）

というものでした。

では若い方はどうかというと、百科事典の解説文中にあったのですが、「尚泰(しょうたい)」という琉球(りゅうきゅう)王国最後の国王の説明に、

「長子早世のため一八四七年（弘化四）弱冠四歳で王位に上り」（『日本大百科全書（ニッポニカ）』小学館）

とありました。

四三歳と四歳。四〇歳近い年齢幅があって驚かされるのですが、それぞれの筆者の意図するところは何となく伝わってきます。「弱冠四三歳」の方は、二〇一〇年にイギリスの首相になったキャメロン元首相のことで、一国の首相に就任するには四三歳は若いという意識があるのでしょう。また「弱冠四歳」は、幼少でありながら国王になったというニュアンスが込められているのかもしれません。ただ、私だったらこの場合は「わずか四歳」と書きますが。

作者の意図を反映できる語だとはいえ、「弱冠」の本来の意味からすれば、やはり二十歳前後でとどめておいた方が無難な気がします。

イエスのエルサレム入場に拠る小説――三浦綾子『ちいろば先生物語』

三浦綾子（一九二二～九九）の小説『ちいろば先生物語』（一九八七年）では、本来の意味で「弱冠」が使われています。

「初代の横井牧師は、教会堂建築に先立つこと二年、明治十二年に今治に着任

していた。同志社神学部第一回卒業生で、弱冠二十一歳であった。この若い牧師が今治教会の創立者であった」（九代目・二）

三浦綾子は、信仰に根ざした作品を数多く残しましたが、『ちいろば先生物語』もその一つです。第二次世界大戦後に、イエスを乗せて命ずるがままに行く小さなロバのようになりたいと決意した牧師榎本保郎（えのもとやすろう）（一九二五～七七）の生涯を描いた伝記小説です。「ちいろば」というのは不思議な名前ですが、イエスがエルサレムに入城する際に子ロバに乗っていたという『新約聖書』の一節に拠（よ）っています。榎本自身にも『ちいろば』『ちいろば余滴』と題した著書があります。

引用文中の今治教会は、明治一二年（一八七九年）に愛媛県今治市に誕生した、四国でもっとも古いプロテスタント教会です。引用文に出てくる横井時雄が初代の牧師で、『ちいろば先生物語』の主人公である榎本保郎は、一九六三年に同教会九代目の牧師として赴任しました。

みうら・あやこ【三浦綾子】［１９２２～１９９９］小説家。北海道の生まれ。結核の闘病中にキリスト教に目覚洗礼を受ける。朝日新聞の懸賞小説に「氷点」が入選し作家活動に入る。小説「塩狩峠」「道ありき」「天北原野」「銃口」など。

七九

真摯（しんし）

「真摯」は、真面目でひたむきなさま、一生懸命に物事に取り組むさまをいいます。

詩人で彫刻家だった高村光太郎（一八八三〜一九五六）の詩集『道程』（一九一四年）に収められた「癈頽者より」という詩に、このような一節があります。

「寛仁にして真摯なる友よ／君は余に図り、余を信じて／運命の如く／遠きわが日本に何物をか慕ひ来れり／ああ、やがて其は三年にもなりなむ」

この詩は「バアナアド・リイチ君に呈す」とあり、イギリスの陶芸家バーナード・リーチ（一八八七〜一九七九）に贈ったものです。リーチは一九〇九年に来日し、日本の民芸運動にも加わりました。詩題の「癈頽」とは、道徳や気風などが崩れ衰えているという意味ですが、光太郎自身のことをいっています。「寛仁」は寛大で慈悲深いということです。リーチはその穏和な人柄から、民芸運動のメンバーたちに深く愛されていたようです。「真摯」は真面目ということですが、さらに、ひたむきな、という点が重要なのです。

文学と愛、性は表裏一体で目覚める――室生犀星『性に眼覚める頃』

小説家で詩人の室生犀星（一八八九～一九六二）に『性に眼覚める頃』（一九一九年）という自伝的小説があります。その中で「真摯」は、次のように使われています。

「『どうも駄目らしく思うよ。こんなに瘠せてしまっては……』と友は手を布団から出して擦って見せた。蒼白い弛んだつやのない皮膚は、つまんだら剥げそうに力なく見えた。『ずいぶん瘠せたね。』私は痛痛しく眺めた。『それからね。お玉さんと君と友達になってくれたまえな。僕のかわりにね。この間から考えたんだ。』とかれは真摯な顔をした。私はすぐ赤くなったような気がしたが、『そんなことはどうでもいいよ。快くなれば皆してまた遊べるじゃないか。何も考えない方がいいよ。』『そうかね。』と力なく言って咳入った。と、彼は突然発熱したように上気して、起き直ろうとして言った。『僕がいけなくなったら君だけは有名になってくれ。僕の分をも二人前活動してくれたまえ。』私はかれの目をじっと見た。眼は病熱に輝いていた」

長めに引用しましたが、「友」というのは、「私」（犀星）と同じように詩を書いていた表悼影という青年です。「私」は表の詩の才能を高く買っていて、盟友ともいうべき存在でしたが、表は結核に罹っていて、夭折してしまいます。引用文は、もう起き上がることのできない表を見舞う場面です。表は詩作の同志だっただけでなく、女性との付き合いに積極的になれない「私」にとっては、恋愛の先輩でもあったのです。自分が死んだら友達になってやってほしいと「真摯な顔をして」頼んだ「お玉さん」も、表が付き合っていた女性の一人で、掛け茶屋の少女です。

表の死後、「私」はお玉さんを訪ねるのですが、彼女も表と同じ病に侵されていました。『性に眼覚める頃』は、「朴訥」（P316）でも引用しましたが、七〇歳近い父と寺に暮らしていた一七歳の「私」が、賽銭（さいせん）泥棒の美しい年上の娘に抱いた恋心や、若くして死んだ詩の仲間などを通して文学や愛に目覚めていく姿を描いた作品です。文学の目覚めと性の目覚めが表裏の関係にあることを強く感じさせる作品です。

むろう・さいせい【室生犀星】［1889〜1962］詩人・小説家。石川の生まれ。本名、照道。別号、魚眠洞。「愛の詩集」「抒情小曲集」を発表、叙情詩人として出発。のちに小説も発表。「性に眼覚める頃」「幼年時代」「あにいもうと」「杏っ子」など。

飄然（ひょうぜん）

八〇

「飄然」は、世の中のことを気にすることなくのんきなさまや、物事にこだわらないさまをいいます。ただ最近は、はっきりした用事や目的もなくふらりと来たり、立ち去ったりするさまの意味で使うことの方が多いようです。「飄」はつむじ風の意味ですので、そこから風の吹くままひとところに定まらないさまをいうようになったのでしょう。

覆面の剣士が新撰組相手に神出鬼没の活躍――大佛次郎『鞍馬天狗』

大佛次郎（一八九七～一九七三）が書いた時代小説『鞍馬天狗』「地獄の門」（一九三四年）では、「飄然」は次のように使われています

「鞍馬天狗がどこからとなく**飄然**と戻って来た京は、幕府が近く長州征伐の軍勢を出すような噂さえあって、物情騒然たるときでございました」（蔵の中）

『鞍馬天狗』は、勤王の志士鞍馬天狗が幕末の京都を主な舞台に、新撰組を相手に神出鬼没の活躍をする連作時代小説です。一九二四～六五年までの間に四十数編が書かれました。鞍馬天狗は神出鬼没でしたから、まさに「飄然」と現れます。引用した部分は、元治元年（一八六四年）に長州藩が京都に出兵し、会津・薩摩などの藩兵と蛤御門付近で戦って敗れた禁門の変（蛤御門の変）で、鞍馬天狗も一時姿をくらますのですが、変後どこからともなく再び京に舞い戻ってきたときのことです。「地獄の門」は、鞍馬天狗と新撰

組との戦いが描かれていて、これに愛する娘のために仲間を裏切ってしまう長州藩士の若者、「烏天狗」と名乗る浪人者、乞食に変装した長州藩士桂小五郎（木戸孝允）などが絡んでストーリーが展開します。

神出鬼没の鞍馬天狗ですから、「飄然」と表現される場面は他にもあります。たとえば「宗十郎頭巾」では、

「一カ月のうちに必ず下手人を探し出して讐を討って見せると荒井田の妻に、高言というよりも誓約した手前、なんとかして、それまでに下手人を突き止めないかぎり、裏切り者の汚名を雪ぎようもないのでした。『よいわ！　まだひと月ある』鞍馬天狗は、こう呟いたかと思うと、飄然と、どこへ行くというあてもなく闇の中へ歩き出していました」（深夜の客）

と使われています。

そして、鞍馬天狗は神出鬼没だと書きましたが、もちろん小説の中で「神出鬼没」も使われています。

「新選組の密使原木十蔵とは真赤な偽り、実はいま京洛の佐幕党に鬼神の如く恐れられ、神出鬼没とうたわれたる勤王の志士鞍馬天狗その人であることを、裏書したのも同然だったのです」（「角兵衛獅子」暗殺人別帳）

「神出鬼没」は、鬼神のようにたちまち現れたり消えたりして、居所が容易にわからないことからいう語です。「飄然」「神出鬼没」は、作者が鞍馬天狗のキャラクターを考えた際のキーワードのようなものだったのかもしれません。

おさらぎ・じろう【大仏次郎】［1897〜1973］小説家。神奈川の生まれ。本名、野尻清彦。「鞍馬天狗」で大衆作家として認められる。著「赤穂浪士」「帰郷」「パリ燃ゆ」「天皇の世紀」など。文化勲章受章。

風情（ふぜい）

「風情」は、そのものの趣や味わい、様子、気配などをいいます。

また、「風情」は人名や代名詞に付いて、それをいやしめたり、へりくだったりする意味を添えるはたらきをします。たとえば出版社の経営者として、民族・民俗学、考古学、山岳書など多くの書籍や雑誌を出版した岡茂雄（おかしげお）（一八九四〜一九八九）に、『本屋風情』（一九七四年）という書名の回想録があります。岡は、『広辞苑』の前身である『辞苑』ともかかわりのあった人物です。『広辞苑』の編者である新村出（しんむらいずる）に『辞苑』編纂（へんさん）を持ちかけたのが岡だったのです。当初、新村はその申し出を固辞していたようですが。

『本屋風情』は、岡が出版人として付き合った、南方熊楠（みなかたくまぐす）、柳田国男（やなぎたくにお）といった学者や文人たちの思い出をつづった回想録で、『辞苑』編纂のいきさつも詳しく書かれています。そしてこの回想録をなぜこのような書名にしたのか、その理由が振るっています。柳田国男とその著書の出版に関して行き違いがあったため、関係者が集まって柳田と食事をしようということになったのだそうです。岡は、自分は柳田の機嫌を損ねた当事者の　人だからと出席を辞退したのですが、無理やり誘われ不承不承参加します。すると案の定、柳田は岡の出席を快く思わず「なぜ本屋風情を出席させた」と後日言ったのだというのです。それを伝え聞いた岡が書名に使ったのです。私などはさしずめ「辞書屋風情」といったところでしょうか。岡茂雄は出版人として私の大先輩ですが、このエピソードだけで岡のことが大好きになりました。

作者の娘は実物が放火で焼け落ちるのを目撃――幸田露伴『五重塔』

「風情」は、幸田露伴（こうだろはん）（一八六七〜一九四七）の小説『五重塔』（一八九一年）では、次のように使われています。

「欄を握（つか）むで屹（きっ）と睥（にら）めば天（そら）は五月（さつき）の闇より黒く、ただ囂囂（ごうごう）たる風の音のみ宇宙に充（みち）て物騒がしく、さしも堅固の塔なれど虚空に高く聳（そび）えたれば、どうどうと風の来る度ゆらめき動きて、荒浪の上に揉まるる棚なし小舟（おぶね）のあはや傾覆（くつがえ）らむ風情」（三四）

『五重塔』は、腕はいいが世渡り下手なため「のっそり」とあだ名された大工十兵衛が、五重塔建立に執念を燃やす姿を通して、芸術にかける名人気質を描いた作品です。東京谷中の感応寺(かんのうじ)が五重塔建立を計画していると知った十兵衛は、すでに先輩の川越源太が仕事を請け負ったことを知りながら、感応寺の上人に自分にやらせてほしいと直談判をして仕事を奪い取り、さまざまな妨害をはねのけて塔を完成させます。ところが落成式の前日、暴風雨に襲われてしまいます。引用文はその場面です。このとき十兵衛は五重塔の五層に上り、暴風と立ち向かいます。この場面は、ちょっと難解かもしれませんが、声に出して読んでみると迫力のある場面だということがわかります。この暴風雨は江戸中に大きな被害をもたらしましたが、十兵衛が建てた五重塔は微動だにしませんでした。

余談ですが、この小説のモデルになった五重塔は東京都台東区の谷中霊園内にありましたが、一九五七年七月に放火で焼失してしまいます。それも、洋服店に勤める四八歳の男と二二歳（二一歳とも）の女が不倫の清算のために放火心中をしたからです。

この五重塔が焼け落ちるさまを実際に目撃したのが、露伴の娘の随筆家で作家の幸田文(こうだあや)（一九〇四〜九〇）です。後のことですが、幸田文は一九四四年七月に落雷のために焼失した奈良斑鳩(いかるが)の法輪寺の三重塔の再建に尽力しています。この三重塔は一九七五年に再興されましたが、私は再興されて間もない頃に見に行ったことがあります。瀟洒(しょうしゃ)なつくりの美しい塔です。

こうだ・ろはん【幸田露伴】
［1867〜1947］小説家・随筆家・考証家。東京の生まれ。本名、成行(しげゆき)。別号、蝸牛庵(かぎゅうあん)など。明治22年（1889）「露団々」「風流仏」で名声を確立。尾崎紅葉と並ぶ作家となった。のち考証・史伝・随筆に新境地を開いた。第1回文化勲章受章。小説「五重塔」「風流微塵蔵」「運命」「連環記」、評釈「芭蕉七部集」など。

別嬪（べっぴん）

「別嬪」は、美しい女性、美人のことをいいます。もともとは特別にすぐれた品物や人物のことをいい、女性に限らず男性についてもいいました。そのため、「別品」と書くこともあり、明治時代の小説には美人のことも「別品」と表記した例があります。「別嬪」

の「嬪」は女性の美称です。つまり、「別嬪」と書いたら女性限定になるわけです。「別品」は、たとえば「無聊（ぶりょう）」（P261）「さようなら」（P361）などで引用した森鷗外（もりおうがい）（一八六二〜一九二二）の小説『雁（がん）』（一九一一〜一三年）で使われています（ただし『雁』の完成は明治時代ではなく、大正二年です）。

「この話をする時岡田は、『その主人の女と云（い）うのがなかなか別品なのだよ』と云った」（一九）

「さようなら」で引用した、医科大学生の岡田が金貸しの妾（めかけ）お玉の飼い鳥を蛇の難から救う少し前にある文章です。この話をしたときに、岡田はお玉のことを「別品」だと言ったのです。

「別嬪」「別品」は、表記の違いは別として、『雁』もこの後に引用する水上滝太郎（みなかみたきたろう）の『大阪の宿』も、いずれも話しことばの中で使われていることに注目していただきたいと思います。

東京出身者から見た大阪人気質──水上滝太郎『大阪の宿』

水上滝太郎（一八八七〜一九四〇）の小説『大阪の宿』（一九二五〜二六年）では、「別嬪」は次のように使われています。

「徹頭徹尾、別嬪でシャンだトテ・シャンだとおだてられたお米は、殊に田原贔負だった。『ああ見えて、あの男程真正直な人間も少ないし、あれ程内気な奴も無いんだぜ。』当の本人のいない時は、三田はしきりに其ひととなりをほめたが、その批評は女達には信じ兼る事ばかりだった。正直だとか、内気だとか、涙脆いとか、人がよすぎるとか、品行方正だとかいうのは、みんなの期待する事では無かった。それよりも、気さくだとか、さばけているとか、冗談ばかりいうとか、面白い人だとか、そう云う美徳であり度かった」（二の五）

小説家で劇作家だった水上滝太郎は、父の創立した明治生命に入社して専務取締役まで進み、会社員と作家の二足のわらじを履いた人です。『大阪の宿』は、会社員だった作者自身の大阪勤務時代に材を取った作品です。東京の麹町で育った会社員の三田と、三田の大阪での下宿先だった旅館酔月の女将や下働きの女たち、新聞記者、蟒と呼ばれている芸者のお葉といった人々を通して、大阪の世相や風俗、大阪人の気質などを生き生きと描いています。この引用文でも、大阪では「品行方正」よりも「面白い人」が期待されるという、大阪人の気質がさりげなく書かれています。関東の人間が抱く大阪人気質は大方これでしょう。

引用文に出てくる「田原」は三田と同窓で、卒業後方々の会社に勤めたものの、上役と衝突したり社員の味方をして株主攻撃の演説をしたりして、どこも勤めが長続きしなかったという人物です。このときは見かねた親類のおかげで車両会社の専務取締役をしていました。「お米」は酔月で働く女性の一人です。「シャン」「トテ・シャン」の「シャン」は美人をいう俗語です。「トテ」は、とてもという意味でしょう。

お米と初めて会った田原は、「なんですの。あての顔になんぞ書いておまっか」と言われると、「書いてあるとも。シャンと書いてある」と言うような男でした。私もこのせりふを「シャン」を「べっぴん」に変えてどこかで使ってみたいと思っているのですが、いまだその機会はありません。

みなかみ・たきたろう【水上滝太郎】
［1887〜1940］小説家・評論家。東京の生まれ。本名、阿部章蔵。父の創立した生命保険会社に勤務するかたわら、「三田文学」などに作品を発表。小説「大阪」「大阪の宿」、評論・随筆集「貝殻追放」など。

朴訥（ぼくとつ）

八三

「朴訥」は、飾り気がなく、口数が少ないことをいいます。「朴」は「質朴（しつぼく）」、律義で飾り気のないこと、「訥」は「訥弁（とつべん）」、話が滑らかでないことという意味です。

『論語』には、「剛毅（ごうき）木訥は仁に近し」（子路）という文章があります。意志が強くて飾り気がなく口下手な人は、道徳の理想である仁者に近い、という意味です。

これを受けて、松尾芭蕉（まつおばしょう）（一六四四〜九四）は『奥の細道』の中で、

「あるじのなす事に心をとどめてみるに、唯（ただ）無智無分別にして正直偏固（へんこ）の者也。

剛毅ぼくとつの仁に近きたぐひ、氣稟の清質尤尊ぶべし」（仏五左衛門）

と書いています。芭蕉が元禄二年（一六八九年）に、門人の曽良を伴って奥羽加越の歌枕を訪ねた旅の途次、日光山のふもとに泊まったときのことです。宿の主人が、自分は世間の人から「仏五左衛門」と呼ばれていると言うので、芭蕉は気をつけてその立ち居振る舞いを見ていました。すると小ざかしい智に走らず、世俗的な考えもなく、ひたすら正直な人であり、（『論語』にいう）「剛毅木訥で仁に近い」類いの人だった、というのです。そして、生まれつき持っている清らかですぐれた性質は、もっとも尊ぶべきであると述べています。

先輩詩人から届いた激励の返信——室生犀星『性に眼覚める頃』

室生犀星（一八八九～一九六二）は、「朴訥」を面白い文脈の中で使っています。それは「真摯」（P302）でも引用した『性に眼覚める頃』（一九一九年）という自伝的小説の中です。

「返事が来た。『君のような詩人は稀れだ。私は君に期待するから詩作を怠るな。』とあった。それからハガキで朴訥な、にじりつけたような墨筆で『北国の荒い海浜にそだった詩人に熱情あれ。』というような、何処か酒場にでもいて書いたもののようなハガキも来た」

『性に眼覚める頃』は、七〇歳近い父と金沢の寺に暮らしていた一七歳の「私」が、文学や性に目覚めていく姿を描いた自伝的な作品です。「朴訥」な墨筆ではがきをくれたのは、「私」が雑誌に投稿した詩を掲載してくれた、選者で詩人のK・K氏でした。「私」は今のままの小ささでいたくない、自分の全生涯をあげても詩を書きたいという内容の手紙を氏に書いて出したところ、このような返事が来たのです。酔って書かれたので、達筆ではなかったのでしょうが、稚拙な、とはせず「朴訥な」と表現しているところに気配りが感じられます。著名な詩人からはがきを、それも激励のはがきをもらえた喜びがほんのりと伝わってきます。

この時代、「私」には同じように詩を書いていた盟友ともいうべき友がいました。「真摯」で触れた、夭折した表悼影という青年です。後に「私」は、K・K氏から「表は全く驚異すべき天才をもっていた」という評価を聞かされます。

余談ですが、K・K氏とは詩人の児玉花外（一八七四～一九四三）のことです。花外は社会主義的新体詩を書きましたが、「白雲なびく駿河台」で始まる明治大学校歌の作詞者でもありました。

第六章

人間関係

〈八四〜一〇一〉

口（くち）を糊（のり）する

＝かろうじて暮らしをたてる

「喜助は世間で仕事を見つけるのに苦しんだ。それを見つけさえすれば、骨を惜しまずに働いて、ようよう口を糊することのできるだけで満足した。そこで牢に入ってからは、今まで得がたかった食が、ほとんど天から授けられるように、働かずに得られるのに驚いて、生まれてから知らぬ満足を覚えたのである」

——森鷗外『高瀬舟』より

八四

一頭地（いっとうち）を抜（ぬ）く

「一頭地を抜く」は、多くの人よりも一段とすぐれていることをいいます。「一頭地」の「一頭」は頭一つ分の高さということですが、「地」は副詞的に置かれた文字で、特に意味はありません。頭一つ分だけ抜きんでているということです。「一頭地を出る」「一頭地を抜きんでる」などとも言います。

中国、北宋（そう）の文人で、政治家でもあった蘇軾（そしょく）（一〇三六～一一〇一）に次のような逸話があります。師の欧陽修（おうようしゅう）（一〇〇七～一〇七二）が蘇軾の文章を読んだところ、「私はもうこの人を避けて、一頭地を出さしめよう（＝他よりひときわすぐれていることを敬うことにしよう）」と言ったというのです。このことは、中国、宋の正史『宋史』の「蘇軾伝」に見えます。欧陽修も宋の時代のすぐれた文人の一人だったのですが、蘇軾の才能を自分以上だと感じたのでしょう。後に蘇軾は朝政を誹謗（ひぼう）する詩を作ったとして、黄州（現湖北省）に流されます。この時、長江（揚子江）の赤壁（せきへき）に遊んだ際に作られた『赤壁の賦』は有名です。

また、「春宵一刻直千金」ということばを聞いたことはありませんか。これは、蘇軾の詩「春夜」に拠るものです。この後に「花有清香月有陰（花に清香有り、月に陰有り）」と続くことから、「春宵一刻直千金」だけで、おぼろ月夜に花は盛り、しかも気候の快い春の夜は、そのひとときが千金にも値するように思われるという意味で使われるようになりました。

冒頭文も屈指の名文として知られる――夏目漱石『草枕』

「一頭地を抜く」は、夏目漱石（一八六七〜一九一六）の小説『草枕』（一九〇六年）で次のように使われています。

「われ等が俗に画と称するものは、只眼前の人事風光を有の儘なる姿として、若くは之をわが審美眼に漉過して、絵絹の上に移したものに過ぎぬ。花が花と見え、水が水と映り、人物が人物として活動すれば、画の能事は終ったものと考えられて居る。もし此上に一頭地を抜けば、わが感じたる物象を、わが感じ

たる儘の趣を添えて、画布の上に淋漓として生動させる」（六）

『草枕』は、「智に働けば角が立つ。情に棹させば流される。意地を通せば窮屈だ」という書き出しでよく知られています。俗世間を逃れて旅に出た青年画家と、温泉宿の出戻りの娘との交渉を通して、現実を第三者的に眺める非人情の美学を描いた作品です（ただし、この文学観は後に作者によって否定されました）。

引用文中のことばの説明をしますと、「漉過」は物をこすこと、「能事」はなすべきことがらのこと、「画布」はカンバス、「淋漓」は、勢いのあふれているさま、元気いっぱいなさまという意味です。

絵は目の前の風光を写し取ったものであるが、それをさらに抜きんでたものにするには、画家が自ら感じた自然の姿を、感じたままに描けば、躍動感がある絵になるといっているのです。単に景色や情景を写し取るだけではなく、自分の感興、感動を込めた絵こそすぐれているということでしょう。おそらく多くの画家は、それを目指しているのではないでしょうか。でも、それが可能なのは一握りの人だけなのかもしれません。

畏友（いゆう）

八五

「畏友」は、尊敬している友人、または、友達に対する敬称として使われる語です。「畏」は、敬い尊ぶという意味です。

文学者同士の交友は多いのですが、代表的なのは室生犀星（むろうさいせい）（一八八九〜一九六二）と萩原朔太郎（はぎわらさくたろう）（一八八六〜一九四二）のそれでしょう。その交友は朔太郎が死去するときまで続きました。この後に引用する「畏友」を使った犀星の文章からも、二人の関係をうかがい知ることができます。

なつめ・そうせき【夏目漱石】［1867〜1916］小説家・英文学者。江戸の生まれ。本名、金之助。英国留学後、教職を辞して朝日新聞の専属作家となった。自然主義に対立し、心理的手法で近代人の孤独やエゴイズムを追求、晩年は「則天去私」の境地を求めた。日本近代文学の代表的作家。小説「吾輩（わがはい）は猫である」「坊っちゃん」「三四郎」「それから」「行人」「こころ」「道草」「明暗」など。

ただ、初めて会ったときのお互いの印象は実は最悪だったようです。それもまた面白いのですが。二人が初めて会ったのは、一九一四年（大正三年）二月のことです。犀星はそのときの朔太郎の印象を、「第一印象は何て気障な虫酸の走る男だろうと私は身ブルイを感じた」（『我が愛する詩人の伝記』一九五八年）と書き、朔太郎は朔太郎で、犀星の印象を「垢ぬけのしない、田舎の典型的な文学青年」（『詩壇に出た頃』一九三五年）と書いています。散々ですが、お互いにそのように書けるいい関係を続けることができた、ということなのでしょう。

若き二人の詩人の親交――室生犀星『抒情小曲集』

室生犀星は、詩集『抒情小曲集』（一九一八年）の「覚書」に収めた「旅行」と題された小文の中で、萩原朔太郎に対して「畏友」を使っています。

「上州前橋には三度ゆけり。ここにて予が畏友萩原を知る。小出磧といえる利根の河畔、小さき砂山、櫟の若き林、牧牛、赤城山、公園等、皆予が心に今も

なお生けり。旅はおもしろけれどもはかなく哀し。利根の砂山、氷の扉、さくらと雲雀（ひばり）、土筆（つくし）、前橋公園の五篇を得たり」

『抒情小曲集』は犀星の第二詩集ですが、若いときの詩を収めたものです。犀星が一九一三年に北原白秋（きたはらはくしゅう）が主宰する詩誌『朱欒（ザンボア）』に、「ふるさとは遠きにありて思ふものそして悲しくうたふもの」で始まる「小景異情（しょうけいいじょう）」を発表したときに、この詩に感動した群馬県前橋に住む萩原朔太郎から手紙をもらい、以後お互いに「畏友」と呼ぶにふさわしい親交を結ぶのです。

『抒情小曲集』には、犀星と朔太郎が無二の親友となるきっかけとなった、この「小景異情」も収められています。犀星が朔太郎の住む前橋に訪れたときに作り、やはり『抒情小曲集』に収められている「前橋公園」という詩は、次のように始まります。

「すゐすゐたる桜なり／伸びて四月をゆめむ桜なり／すべては水のひびきなり」（「前橋公園」）

「すゐすゐたる」というのは、枝などが何本ものびのびと出ているさまを表しています。その桜の成長の源は「すべては水のひびきなり」といっていますが、この場合の「水」とは利根川のことです。ひょっとすると「すゐすゐ」はその川の流れが滞りないさまを暗示しているのかもしれません。犀星の初期の詩には、このように独特のことばづかいが見受けられます。

この犀星の「前橋公園」の詩について、朔太郎は詩集『純情小曲集（じゅんじょうしょうきょくしゅう）』（犀星の『抒情小曲集』とそっくりなタイトルだというところに注目してください！）（一九二五年）に収めた「郷土望景詩の後に」という自身の後書きの中で、「前橋公園は、早く室生犀星の詩によりて世に知らる」と書いています。

むろう・さいせい【室生犀星】［1889～1962］詩人・小説家。石川の生まれ。本名、照道。別号、魚眠洞。「愛の詩集」「抒情小曲集」を発表、叙情詩人として出発。のちに小説も発表。「性に眼覚める頃」「幼年時代」「あにいもうと」「杏っ子」など。

憂（う）き身（み）をやつす

八六

「憂き身をやつす」は、身の痩せるほど何かに熱中することをいいます。特に、無益なこと価値のないことに夢中になるという意味で使います。「憂き身」はつらく悲しいことの多い身の上という意味ですが、無益なことに夢中になるという意味の場合は「浮き身」と書くことも多いようです。

「やつす」は、目立たないように姿を変えるということから、みすぼらしいようにするという意味になりましたが、さらに、そのことに打ち込んで、痩せるほどに思い込むという意味でも使います。漢字で「窶す」と書くのですが、難しい字ですね。「恋に憂き身をやつす」という言い方があるのですが、これは痩せるほど恋に思い悩むという意味です。そんな経験ありますか。あったら、ぜひ使ってみてください。

ところで、この後で引用する『放浪記（ほうろうき）』で林芙美子（はやしふみこ）は「うきみ」を「浮身」と表記していますが、夏目漱石（なつめそうせき）（一八六七～一九一六）は『私の個人主義』（一九一五年）と題された講演筆記の中で「憂身」の方を使っています。

「私の知っているある兄弟で、弟の方は家に引込（ひっこ）んで書物などを読む事が好きなのに引き易（か）えて、兄はまた釣道楽に憂身をやつしているのがあります」

「憂き身」と「浮き身」の使い分けは、それを使う人の気持ちや判断でいいのだと思います。

発禁を恐れ第三部は戦後に発表――林芙美子『放浪記』

林芙美子（一九〇三～五一）は自伝的小説『放浪記』では、「浮身をやつす」を次のように使っています。

「株とは何なのか私は知らない。濡手で粟のつかみどりと云（い）う幸運なのであろう。人間は生れた時から何かの影響に浮身をやつしている。三万人の尻っぽについて小説を書いたところで、いったい、それが何であろう、運がむかなけれ

ばどうにも身動きがならぬ」（第三部）

『放浪記』は、一九二八～二九年に第一部が雑誌に連載され、翌年に刊行されるやベストセラーになったため、すぐに『続放浪記』が刊行されます。さらに戦後になって、発禁になることを恐れて発表されなかった部分が第三部として刊行されました（一九四九年）。引用したのはこの第三部からです。

『放浪記』は、主人公の「私」が女中・女工・カフェーの女給などをしながら、貧苦や屈辱に耐えてたくましく生きていく姿を日記体で描いた作品です。女優の森光子(もりみつこ)さんが、主人公の林芙美子役を通算二千回以上も演じた芝居の原作としても有名です。

引用文は、新聞に株で大富豪になった女性が病気になったという記事が載ったのを見て、「私」が漏らした感想です。「私」は小説を書いて出版社に持ち込んでも断られるか、散々待たされたあげく安く買いたたかれ、さらにはその編集者の名で作品が掲載されるという理不尽な目に遭っていました。おまけに、ある作家には「三万人の作家志望者の、一番どんじりにつくつもりなら、君、何か書いて来給え」とまで言われたのでした。「三万人の尻っぽ」というのはそのことです。

そんな境遇にある「私」が「浮身をやつしている」と感じているものは、文学にほかならなかったのです。戦前に『放浪記』で一躍文壇の第一線の作家となった芙美子ですが、戦後も旺盛な執筆活動が続きます。ただ、その無理がたたったのでしょうか、四七歳の若さで急死してしまいます。「浮身をやつす」ということばでは表現しきれない、作家として壮絶な人生だったのです。

はやし・ふみこ【林芙美子】［1903〜1951］小説家。山口の生まれ。多くの職を転々としながら、自伝的小説「放浪記」で文壇に出た。一貫して庶民の生活を共感をこめて描いた。他に小説「清貧の書」「晩菊」「浮雲」「めし」、詩集「蒼馬を見たり」など。

お母（かあ）さん

八七

皆さんは自分の母親のことを何と呼んでいますか。「おかあさん」「かあちゃん」「おっかあ」「おかん」、いろいろでしょうね。母親の呼称は、時代とともにかなり変わりました。一番古いのは「母（はは）」で、『万葉集』にもその例が見られます。

その中で、「おかあさん」はかなり新しい呼び名です。江戸時代に生まれた日常語で、「オカカサマ→オカアサマ（またはオカカサン）→オカアサン」と変化してできたのだと考えられています。「オカカサマ」の「カカ」は時代劇などでもよく使われるので聞いたことがあるかもしれませんね。ただ、なぜ母親のことを「カカ」というか、実はよくわかっていないのです。

「おかあさん」は江戸時代後期に、上方で使われるようになった語のようです。一方、江戸では「おかあさん」はあまり広まらず、時代が明治に変わり二〇世紀になった頃によ うやく良家の子女の間で使われるようになりました。それまでは、「おっかさん」「おっかあ」が主流でした。「おかあさん」が急激に広まったのは、今の小学校の教科書に当たる一九〇三年の第一期国定読本「尋常小学読本―二」の中で、「おかあさん」が使われたことが契機となりました。このような文章です。


「タロー　ハ、イマ、アサ　ノ　アイサツ　ヲ　シテヰマス。〈略〉　オカアサン　オハヤウゴザイマス」

「読本」は終戦まですべての小学校で使われていた教科書ですので、そこで使われていることばは全国的に広まったのです。

なお、何だか付け足しのようですが、「おとうさん」も江戸時代には「おとっさん」「おとっつぁん」「ととさん」「ちゃん」など、いろいろな言い方がありました。これが「おかあさん」と同じように、「尋常小学読本−二」で「おとうさん」が使われていたため全国に広まったのです。

雪の日の子ぎつねの買い物――新美南吉『手袋を買いに』

「お母さん」は、かつて教科書にもよく掲載されていた新美南吉(にいみなんきち)（一九一三〜四三）の童話『手袋(てぶくろ)を買いに』（一九四三年）でも使われています。

「子狐(ぎつね)はその唄声は、きっと人間のお母さんの声にちがいないと思いました。だって、子狐が眠る時にも、やっぱり母さん狐は、あんなやさしい声でゆすぶってくれるからです。するとこんどは、子供の声がしました。『母ちゃん、こんな寒い夜は、森の子狐は寒い寒いって啼いてるでしょうね』すると母さんの声が、『森の子狐もお母さん狐のお唄をきいて、洞穴の中で眠ろうとしているでしょうね。さあ坊やも早くねんねしなさい。森の子狐と坊やとどっちが早くねんねするか、きっと坊やの方が早くねんねしますよ。』」

『手袋を買いに』はこのような話です。雪の降る日に、母ぎつねが子ぎつねの手が冷え切っているのを知って、手袋を買ってやろうと思いつきます。夜になって、母ぎつねは子ぎつねの片方の手を人間の子どもの手に変えて、子ぎつねだけで人間の店に行かせるのです。ところが、子ぎつねはついキツネのままの手の方を出して、「手袋をください」と言ってしまいます。お店の人は、キツネだと気づくのですが手袋を売ってくれたのです。その話を子ぎつねから聞いた母ぎつねは、あきれながら、「ほんとうに人間はいいものかしら」とつぶやくのでした。ちなみに子ぎつねが母ぎつねに呼びかけるときは、人間の子どもと同じように「(お)母ちゃん」と言っています。

にいみ・なんきち【新美南吉】［1913〜1943］児童文学者。愛知の生まれ。本名、正八。素朴な善意や人生の哀歓を詩情豊かに描く。作「ごんぎつね」「おぢいさんのランプ」など。

邂逅（かいこう）

「邂逅」は、思いがけなく出会うこと、巡り合うことという意味です。「邂」も「逅」もあまり見慣れない漢字ですが、偶然に出会うという意味です。

私がこのことばを知ったのは中学三年生のときでした。何でそんなことを覚えているのかというと、高校入試のための模擬試験で、このことばが使われた文章が国語の問題として出題されたからです。それは、評論家の亀井勝一郎（一九〇七〜六六）の文章でした。何という文章だったかは忘れてしまいましたが。そのとき問題の解説をした先生が、亀井勝一郎は「邂逅」ということばを好んで使うので、このことばが出てくる文章がテストに出題されていたら、まず亀井勝一郎の文章かなと思え、と教えてくれたのです。もちろん筆者がわかったからといって問題が簡単に解けることはないでしょうし、その後亀井の文章を使った問題に出会ったこともなかったのですが、なぜかこのことばだけが心に残りました。

「邂逅」は、たまたま出会う、ばったり出会うという軽い意味合いでも使われます。夏目漱石（一八六七〜一九一六）の『吾輩は猫である』（一九〇五〜〇六年）に

「吾輩が車屋の黒と知己になったのはこれからである。その後吾輩は度々黒と邂逅する。邂逅する毎に彼は車屋相当の気焔を吐く」（一）

という文章がありますが、これなどはたまたま出会うという意味しかありません。なにしろ「吾輩」も黒もネコですから。

誰と出会うかが人生の重大事
——亀井勝一郎『愛の無常について』『大和古寺風物誌』

亀井は、たとえば『愛の無常について』(一九四九年)の中でも、次のように「邂逅」を使っています。

「いついかなるとき、いかなる偶然によって、誰と出会ったか。そこでどんな影響をうけ、どんな友情が、あるいは恋愛が成立したか。そういう経験をもつ人は、ふりかえって運命のふしぎに驚くでありましょう。それによって一生が決定する場合も少なくない。邂逅こそ人生の重大事であります」(一章 精神について)

「邂逅」ということばに対する亀井の考えのすべてが、ここに凝縮していると思われます。亀井勝一郎は、日本の古美術や古典、仏教などに関心を深め、文芸評論、文明批評でも活躍しました。大和路の古寺を訪ねた感慨を文明批評を絡めて書いた『大和(やまと)古寺風物誌』（一九四三年）なども知られています。

その『大和古寺風物誌』の中でも、もちろん「邂逅」を使っています。たとえばそれは、奈良の法隆寺夢殿の本尊で、聖徳太子（厩戸皇子）等身の御影と伝える観音菩薩立像（救世観音）を前に、聖徳太子没後の太子一族の滅亡と、太子が造営し、その後廃墟と化した斑鳩宮に思いを寄せ、歴史に対する自身の態度を述べた部分です。

「言い継ぎ語り継ぐとは歴史の根本心情である。何を言い継ぎ語り継ぐのか。邂逅した人物の祈りを、その無念の思いを察して、之を再び顕そうとすることである」（斑鳩宮・救世観音）

亀井にとって、歴史上の人物との「邂逅」もまた人生の重大事であったのです。

かめい・かついちろう【亀井勝一郎】［1907〜1966］評論家。北海道の生まれ。初め、プロレタリア文学の理論家として活躍、のち、転向して日本浪曼派に属し、仏教思想・日本古典に傾倒、文明批評で活躍した。著「大和古寺風物誌」「わが精神の遍歴」「現代人の研究」など。

風（かぜ）の便（たよ）り

八九

「風の便り」は、風が伝え手となって何かを知らせてくれる、風そのものが使者であるということで、どこから伝わってきたともわからないうわさという意味です。詩的なことばだと思いませんか。実際、古くから和歌にも使われていて、たとえば平安初期の最初の勅撰和歌集『古今和歌集』には紀友則のこのような歌が収録されています。

「花の香を風のたよりにたぐへてぞ鶯さそふしるべにはやる」（春上・一三）

里に吹く春風を手紙と見立てて、あたり一面に漂う梅の花の香りをそれに添えて、まだ姿を見せないウグイスを誘い出す案内として山に送ろうよ、という意味です。少し理屈っぽい感じもしますが、いい歌だと思います。

ところで、「風の便り」と似たようなことばに「風の噂」があります。渚ゆう子の「京都の恋」（一九七〇年）、アリスの「ジョニーの子守唄」（一九七八年）、津村謙の「上海帰りのリル」（一九五一年）などの歌謡曲の歌詞や、渡辺淳一の小説のタイトルにもなっているので、聞いたことがあるというかたもいらっしゃるでしょう。ところが、「風の噂」はほとんどの国語辞典には載っていないことばなのです。なぜかというと、これを誤用だと考えている人がいるからです。「うわさ」は「風評、風説、風聞」といった意味なので、風が伝えてくる話という意味もあり、「風の噂」は重言だということなのです。厳密にいえばその通りかもしれませんが、今や歌詞や小説の題名だけでなく多くの人が使っていますし、むしろ「風の便り」よりも広まっているような気がします。

私は「風の噂」はもはや誤用とはいえないと思っていますが（だから辞書にも載せるべきでしょう）、「風の便り」もとてもいいことばだと思うので、こちらもちゃんと残してほしいと思うのです。

片田舎の村で自己再生していく作家の姿――横光利一『夜の靴』

近代文学の作家では「風の便り」を使った例として、たとえば横光利一（一八九八～一九四七）の『夜の靴』（一九四六年）というエッセー風の小説に、次のような一節があります。

「生まのままの真は偽せよりも偽せだ。（ヴァレリイ）――この言葉はたしかに高級な真実である。しかし、この高級さに達するためには、どれほど多くの嘘を僕らは云い、また、多くの人の真実らしいその嘘を、真実と思わねばならぬか計り知れぬ。それにしても、ヴァレリイは死んだと聞く。真偽は分らぬが、風の便りだ。嘘だと良いが」

『夜の靴』は、横光が終戦の三日前に家族と疎開し、終戦を迎えた山形県鶴岡の羽前水沢駅にほど近い僻村が舞台です。大戦前から長編小説『旅愁』で、西洋と東洋というテーマと格闘した横光ですが、日本の敗戦によって心底打ちのめされてしまいます。そんな作家が、自分のことを著名な作家だとほとんどの人が知らないような土地で暮らし、村人たちとの交流の中から己自身を見つめ直し、次第に自己再生していく姿を描いた作品が『夜の靴』です。そのような暮らしの中で、「風の便り」に聞いたという「ヴァレリイの死」は事実です。フランスの詩人ポール・バレリーは一九四五年七月二〇日パリで死去しています。引用文は、この年の九月の出来事を書いた部分です。

よこみつ・りいち【横光利一】
［1898～1947］小説家。福島の生まれ。本名、利一（としかず）。川端康成・片岡鉄兵らと「文芸時代」を創刊し、新感覚派の中心となった。新心理主義に立ち、昭和初期の代表作家として活躍。作「日輪」「上海」「機械」「旅愁」など。

絆（きずな）

九〇

「絆」は、断つことのできない結びつきの意味で、特に人と人とのそれをいいます。二〇一一年三月一一日に東北地方を中心に各地で多大な被害をもたらした東日本大震災の際に、家族や仲間などとの「絆」が盛んに言われるようになったことはご記憶でしょう。ただ、今でこそ「絆」はいい意味で使われていますが、本来は馬、犬、鷹（たか）などの動物をつなぎとめる綱のことで、あまりいい意味ではありませんでした。鎌倉時代に『名語記（みょうごき）』（一二七五年）という辞書があったのですが、そこには、

「きづなといへる、つな、如何。きづなは紲とかけり。くびつなの心也。頸綱也」(『日本国語大辞典』より)

と書かれています。「きずな」の「き」は不明ですが、「ずな(づな)」は「つな(綱)」、それも首にかける綱だったことがわかる例です。そのようなこともあって、現代仮名遣いのよりどころとされる「現代仮名遣い」(一九八六年内閣告示)でも、「きずな」は「きづな」と書くことも許容されています。

隠密剣士の活躍に今も興奮!――吉川英治『鳴門秘帖』

吉川英治(一八九二～一九六二)の長編時代小説『鳴門秘帖』(一九二六～二七年)の中に、「絆」を使った次のような文章があります。

「『――法月弦之丞は学徒ではござらぬ。また憂国の士でもござらん。弱い人間の微情にひかされ、武士という形づけられた意気地に押されて、ここに立った一個の放浪者――、世潮を口にする資格はない』『では、その情といい、意地というのは？』『恋もある、泣かぬ涙もある。凡人弦之丞、愚痴はてんめんでござる。話すのも聞くのはわずらわしかろう。――意地といえば、二百年来、江戸の禄を食んだ家に生まれた江戸の武士、このきずなをどうしよう！　いや、それはもう、清濁の時流を超え、世潮の向背をも超えてどうにもならない性格にまでなっている』」（剣山の巻・原士の長）

『鳴門秘帖』は、江戸幕府転覆の陰謀をめぐる伝奇小説です。陰謀が発覚し、黒幕は阿波の徳島藩主だとにらんだ幕府は、甲賀の隠密世阿弥を阿波国に送り込みます。しかし、阿波藩は国を閉ざし、世阿弥は一〇年もの間行方がわからなくなってしまいます。その世阿弥を探すべく、主人公の法月弦之丞は虚無僧姿に身をやつし、公儀隠密として阿波に潜入するのです。世阿弥は阿波の剣山の牢に捕らえられていたのですが、阿波藩の陰謀を暴露した文書を書いていました。それが秘帖です。弦之丞に思いを寄せる世阿弥の娘お千絵、やはり弦之丞に心を奪われてしまう女すりの見返りお綱、辻斬りのお十夜孫兵衛、甲賀家の乗っ取りを図りお千絵に横恋慕する旅川周馬、さらには平賀源内までが入り乱れて、江戸から阿波へとストーリーは展開します。お千絵とお綱は実は姉妹だったといった、大衆文学にありがちな設定も見受けられますが、私は高校生のときに読んで夢中になりました。

で、今も粗筋を書いていて興奮してしまい、ついネタバレまでしてしまいましたが、引用文は法月弦之丞が旅川周馬らと弦之丞を追ってきた原士の高木龍耳軒（りゅうじけん）と対面する場面です。龍耳軒は阿波藩特有の「原士」と呼ばれる在地家臣団の長でした。弦之丞にとって龍耳軒は敵方の人間ですが、弦之丞は幕府側の人間として生きていくしかない自分の立場をふと漏らすのです。その「きずな」は、弦之丞が心から望んでいるものではなかったのです。ここでの「きずな」には、自由を束縛するものという本来の意味が残っています。

よしかわ・えいじ【吉川英治】［1892〜1962］小説家。神奈川の生まれ。本名、英次（ひでつぐ）。「鳴門秘帖」「神州天馬侠」で流行作家となり、「宮本武蔵」によって大衆文学に新しい分野を開拓。以後も「新平家物語」「私本太平記」などを発表。文化勲章受章。

九一　郷党（きょうとう）

「郷党」は、自分の出身地、郷里のことですが、さらに、そこに住む人や同郷の人々のことをいいます。「郷」も「党」も古代中国の行政区画で、「郷」は一万二五〇〇家、「党」は五〇〇家からなっていました。「党」は「政党」などのように、目的を同じくする組織体を意味することばとして使われていますから、同郷の仲間のことを政党と同じように「郷党」といっているようにも見えます。

ただ、そうしたニュアンスを持つ語だからでしょうか、「郷党」という語には、決して忘れてはならない重い過去があります。一九四一年に、当時の陸軍大臣東条英機の名で全陸軍に告示された「戦陣訓（せんじんくん）」の中に、この語が使われたのです。「戦陣訓」は、戦場における軍人の守るべき道徳と戒めなければならない心がけを説いた訓諭です。その中に、

「常に郷党家門の面目を思ひ、愈々（いよいよ）奮励（ふんれい）してその期待に答ふべし、生きて虜囚（りょしゅう）の辱（はずかし）めを受けず、死して罪禍（ざいか）の汚名を残すこと勿（なか）れ」

とあるのです。ことば自体には何の責任もないのですが、郷土意識が巧みに利用され、多くの兵士の尊い命が犠牲になってしまったことは事実なのです。

虎に変身した旧友との再会――中島敦『山月記』

私は、この「郷党」ということばを、「慟哭」(Ｐ234)でも引用した中島敦(一九〇九〜四二)の小説『山月記』(一九四二年)で知りました。このような一節です。

「勿論、曾ての郷党の鬼才といわれた自分に、自尊心が無かったとは云わない。しかし、それは臆病な自尊心とでもいうべきものであった。己は詩によって名を成そうと思いながら、進んで師に就いたり、求めて詩友と交って切磋琢磨に努めたりすることをしなかった。かといって、又、己は俗物の間に伍することも潔しとしなかった」

『山月記』は高校の教科書に掲載されていることが多いので、読んだことがあるというかたも大勢いらっしゃるでしょう。

「隴西の李徴は博学才穎、天宝の末年、若くして名を虎榜に連ね、ついで江南尉に補せられたが、性、狷介、自ら恃む所頗る厚く、賤吏に甘んずるを潔しとしなかった」

という格調高い文章で始まる作品です。けっこう難しいことばが使われているので、少しかみ砕いて説明をしておきます。主人公の李徴は難関である科挙にも受かるほどの優秀な人物でしたが、人と相いれない性格で、また身分の低い役人のまま平凡な一生を終えることを我慢できなかったのです。そんな李徴が望んでいたのは、役人として出世することではなく、詩人としての名声でした。そのために役人を辞めて故郷に帰り、ひたすら詩作に励んだのですが、文名は一向に上がらず、あるとき李徴は何かを叫びながら闇の中を駆けだし失踪してしまいます。そしてその姿は虎と化してしまったのです。一年後に、李徴と同期で科挙に合格し、順調に出世を遂げた袁傪が、公務で李徴が失踪したあたりを通りかかったときに、人食い虎となっていた旧友と遭遇します。最初の引用文は、袁傪に李徴が自分の思いを語っている場面です。ここでの「郷党」とは、「隴西（甘粛省にある県）」のことです。

己の心の中の「詩を作る」という虎を飼い慣らすことができず、自らが虎になってしまった李徴の姿は、大勢の人に感動を与え続けてきました。

なかじま・あつし【中島敦】［1909〜1942］小説家。東京の生まれ。中国の史実・古典に題材を求めた作品を書いたが夭折、死後再評価された。作「李陵」「山月記」「光と風と夢」など。

口（くち）を糊（のり）する

「口を糊する」は、かろうじて暮らしをたてるという意味です。「糊」は「かゆ（粥）」のことで、「糊する」は粥をすするという意味です。「口を餬す」とも、「糊口」ともいい

ます。「糊口」もやっと暮らしを立てていくという意味で、「糊口をしのぐ」の形でよく使われます。たとえば、女性解放運動の先駆者、福田英子（一八六五〜一九二七）の自叙伝『妾の半生涯』（一九〇四年）には、

「日々髪結洗濯の業をいそしみ、僅かに糊口を凌ぎつつ、有志の間に運動して大いにそが信用を得たりき」（第二・上京・七　髪結洗濯）

とあります。

弟殺しの罪人が語る真相――森鷗外『高瀬舟』

「口を糊する」は、森鷗外（一八六二〜一九二二）の短編小説『高瀬舟』（一九一六年）で、次のように使われています。

「喜助は世間で仕事を見つけるのに苦しんだ。それを見つけさえすれば、骨を

惜しまずに働いて、ようよう口を糊することのできるだけで満足した。そこで牢（ろう）に入ってからは、今まで得がたかった食が、ほとんど天から授けられるように、働かずに得られるのに驚いて、生まれてから知らぬ満足を覚えたのである」

「喜助」は、この小説の主人公です。彼は弟殺しの罪で遠島の刑に処せられ、京都の中央部を南北に流れる運河、高瀬川を下る高瀬舟に乗せられたのでした。その舟に護送を命じられて乗り込んだ同心の羽田庄兵衛（はねだしょうべえ）は、「喜助の顔が縦から見ても、横から見ても、いかにも楽しそうで、もし役人に対する気がねがなかったなら、口笛を吹きはじめるとか、鼻歌を歌い出すとかしそうに思われた」ことを不思議に思い、喜助にその理由を尋ねます。

喜助が述べた理由が引用文です。喜助は、自分が苦労して働いて得た金もすぐに人手に渡さなければならないほどの貧しい暮らし、食べることだけがやっとの暮らしを続けていました。それが、罪を得て初めて島で使うための二百文という金を手にし、牢では働かずに食事を与えられたために、心から満足していたのです。

庄兵衛はさらに喜助に、罪を犯した事情を尋ねます。喜助は弟と二人で貧しく暮らしていましたが、弟は治る見込みのない病に罹（かか）っていました。そのため、弟は兄に迷惑がかからないようにと自殺を図るのです。喉笛を切ろうと自ら剃刀（かみそり）を突き立てるのですが、喜助が気づいたときにはまだ意識がありました。喜助は苦しんでいる弟に言われるがままに剃刀を抜いてやると、結局それがもとで弟は死に、喜助は罪に問われたのです。話を聞いた庄兵衛は、喜助が今の運命をいささかも恨まず、むしろ嬉々（きき）としている姿に感動し、やがて喜助のことを「喜助さん」と呼ぶのでした。短い小説ですが、人間の生とは何かを、高瀬舟という小舟に静かに揺られているように考えさせられる作品です。

余談ですが、京都の高瀬川は安土桃山から江戸初期の豪商角倉了以（すみのくらりょうい）によって開削された運河です。明治になってからも、京都市中と大阪、伏見との物資輸送に利用されていましたが、鉄道の開通でその舟運は廃止されました。高瀬川の名は、水深が浅いため、底の浅い高瀬舟を用いたことによります。

もり・おうがい【森鷗外】
［1862〜1922］小説家・評論家・翻訳家・軍医。島根の生まれ。本名、林太郎。別号、観潮楼主人など。森茉莉の父。陸軍軍医としてドイツに留学。軍医として昇進する一方、翻訳・評論・創作・文芸誌刊行などの多彩な文学活動を展開。晩年、帝室博物館長。翻訳「於母影（おもかげ）」「即興詩人」「ファウスト」、小説「舞姫」「青年」「雁」「ヰタ・セクスアリス」「阿部一族」「高瀬舟」「渋江抽斎」。

薫陶（くんとう）

九三

「薫陶」は、徳の力で他人を感化し、教え育て上げることをいいます。「薫」は香り、「陶」は陶器のことですが、これは、もともとは香をたいて香りを染み込ませ、粘土をこねて形を整えながら陶器を作るという意味があったからです。

話が少し脱線することをお許しください。本項では「薫陶」の使用例として、押川春浪（一八七六～一九一四）の小説『海底軍艦』（一九〇〇年）からのものを二例引用していますが、最初の例は『日本国語大辞典（日国）』第二版で「野球」という語の使用例として引用している、もっとも古い例なのです。私も編集にかかわっている『日国』は、可能な限りその語のもっとも古い例を載せるようにしているのですが、第二版では一九〇〇年よりも古い「野球」の使用例は見つけられなかったのです。

「野球」という語は、一八九五年に当時東京帝大の学生で後に教育者となった中馬庚（「ちゅうまんかなえ」とも）（一八七〇～一九三二）が、一高校友会雑誌にベースボール部史を執筆し、ベースボールを「野球」と訳すことを提唱したことに始まるとされています。中馬は一八九七年に野球指導書『野球』も著わしています。その本の中に、「野球」を使った文章を最近になって見つけましたので、『日国』の次の改訂版では、その例を「野球」のもっとも古い例として引用するつもりです。中馬の『野球』は、「野球」という語を広めようとしてそれほど経っていないこと、「ベースボール」という名称と併用されていることにも言及していて、辞書編集者としてとても興味深い内容のものです。そして、『海底軍艦』では、「野球」がかつては教育の手段として活用されていたこともわかるのです。

ジュール・ヴェルヌに影響を受けた軍事冒険小説――押川春浪『海底軍艦』

「薫陶」は、押川春浪の小説『海底軍艦』では、次のような二か所で使われています。

「武村兵曹(たけむらへいそう)はこの児将来は非常に有望な撰手であると語ったがただに野球ばかりではなく彼は過去三年の間、桜木海軍大佐の厳粛なる、かつ慈悲深き手に親しく薫陶された事とて、今年十二歳の少年には珍らしきまでに大人似(おとなび)て、気象(きしょう)

の凛々しい、挙動の沈着な、まるで、小桜木大佐をここに見るような、雄壮しき少年とはなった」（一八　野球競技）

「弦月丸の沈没は、日出雄のためには、むしろ幸福であったかも知れません。今彼が当世に隠れも無き、桜木海軍大佐から、かくも懇篤なる薫陶を受けて生長した事は、世界第一の学校を卒業したよりも、私のためには嬉しいです」（二七　艦長室）

押川春浪は、明治時代に活躍した作家で、軍事冒険小説を数多く書きました。この『海底軍艦』という小説は、「海島冒険奇譚」という角書があり、フランスの作家、ジュール・ヴェルヌのＳＦ小説『海底二万里』（一八六九年）の影響下に書かれた作品だといわれています。

『海底軍艦』はこのような粗筋です。海賊船に船を沈められた「私」と浜島日出雄少年は、インド洋の南方にある無人島に漂着します。そこでは日本海軍の桜木海軍大佐が秘密裏に海底戦闘艇を建造していました。そして、二人が島にいた三年の間に戦闘艇は完成し、海賊を退治しさらには、日本帝国のために働くというものです。ナショナリズム色の強い作品ですが、明治・大正期の少年たちに愛読されました。

引用文ですが、桜木大佐が秘密裏に海底戦闘艇を建造していた島での三年の間に、日出雄少年は桜木大佐に感化され人間的に成長したといっているのです。

この南方の島では、ボートレースと、そしてなぜか野球が盛んでした。日出雄少年は大佐に野球も教わったのです。

おしかわ・しゅんろう【押川春浪】［1876〜1914］小説家。愛媛の生まれ。本名、方存（まさあり）。冒険小説で有名。著「海底軍艦」「武侠の日本」「新日本島」など。

九四

交誼（こうぎ）・厚誼（こうぎ）・好誼（こうぎ）

「交誼」「厚誼」「好誼」は、いずれも親しい付き合いという意味で、すべて「こうぎ」と読みます。従って、使い分けに悩む語かもしれませんね。

「交誼」の「誼」はよしみ、親しみという意味です。これから「交誼」は、心の通い合った交際、特に友人としての親しい付き合いをいいます。

「厚誼」は、心からの親しい交わりという意味です。

「好誼」は、心からの親しみという意味です。

これら三語の使い分けについても触れておきましょう。通常、「交誼」「好誼」は親しい間柄の友人知人、あるいはそのような団体に対して使うことばで、目上の人に対して用いると失礼にあたるとされています。従って、あいさつ文や年賀状などで使う場合は注意が必要です。相手が目上の場合は、「厚誼」なら使えるとされています。「厚誼」だと丁寧な意味合いが増すと受け止められるからでしょう。

さらにもう一つ、同じ「こうぎ」という読みで、「高誼」もあります。この語は他人を敬って、その人から寄せられる好意をいいます。「厚誼」もそうですが、「高誼」も丁寧にいうために多く「ご（御）」をつけて用います。「在任中は一方ならぬご高誼にあずかり、感謝いたします」「日頃のご厚誼を感謝いたします」などのように。

これらの語の使い分けは一筋縄ではいかないようです。結局、実際に使ってみて慣れるしかないのかもしれません。

三人の作家の使い分けは
——獅子文六『自由学校』、正岡子規『墓』、吉川英治『宮本武蔵』

「交誼」は、獅子文六（一八九三〜一九六九）の小説『自由学校』（一九五〇年）では、

「亡夫から引続いた、羽根田との交誼も、犠牲にする覚悟で、大磯へ、強談判にきたらしかった」（檻の内外）

と使われています。『自由学校』は第二次世界大戦後、価値観が急激に変わった世相を風刺した作品です。主人公の南村五百助は立派な風貌でしたが気が弱く、会社を辞めたために、女権に目覚めたしっかり者の妻駒子に家を追い出されてしまいます。行き場のなくなった五百助は、「お金の水橋」下に住むばた屋（くず拾い）の生活共同体に仲間入りするのです。

「厚誼」は、俳人の正岡子規（一八六七〜一九〇二）に『墓』（一八九九年）というエッセーがありますが、そこで、

「諸君には見えないだろうが僕は草葉の陰から諸君の厚誼を謝して居るよ」

と使われています。『墓』は、自分の死後、墓の中であれこれ考えを巡らす様子を書いた、ちょっとブラックユーモアの漂う作品です。子規は脊椎カリエスに罹っていて、この作品は病床で書いているのですが、三年後に亡くなりました。

「好誼」は、吉川英治（一八九二～一九六二）の長編時代小説『宮本武蔵』（一九三五～三九年）に次のように使われています。

「そういう声援者は皆、彼に勝たせたいと念じている者には疑いないが、十中の八、九まで、巌流の勝ちを信じ、巌流の立身を見込み、彼との将来の好誼に自分の望みをも幾分か賭けている人々だった」（円明の巻・十三日前・六）

小説『宮本武蔵』のラスト、有名な巌流島における武蔵と佐々木小次郎の決闘の直前の場面です。「彼」「巌流」とは佐々木小次郎のことです。

さようなら

九五

何でいまさら「さようなら」なの？　と思ったかたも大勢いらっしゃることでしょう。

しし・ぶんろく【獅子文六】
［1893〜1969］小説家・劇作家・演出家。神奈川の生まれ。本名、岩田豊雄。岸田国士らと劇団文学座を創立。一方で、ユーモア小説で流行作家となった。文化勲章受章。小説「海軍」「自由学校」「娘と私」「大番」など。

まさおか・しき【正岡子規】
［1867〜1902］俳人・歌人。愛媛の生まれ。本名、常規。別号、獺祭書主人・竹の里人。俳句革新に着手し、俳誌「ホトトギス」により活動。また、「歌よみに与ふる書」で和歌改革を主張。写生文も提唱した。門下に高浜虚子・伊藤左千夫などを輩出。句集「寒山落木」、歌集「竹の里歌」、俳論「俳諧大要」など。

よしかわ・えいじ【吉川英治】
［1892〜1962］小説家。神奈川の生まれ。本名、英次。「鳴門秘帖」「神州天馬侠」で流行作家となり、「宮本武蔵」によって大衆文学に新しい分野を開拓。以後も「新平家物語」「私本太平記」などを発表。文化勲章受章。

別れのあいさつのことばとして、最もポピュラーなことばですから。でも、どうして「さようなら」と言うのかと聞かれたら、すぐに答えられますか。「さようなら」は、ごく普通に使われているのに、多くの人が何でそう言うのかよく知らないことばなのではないでしょうか。

「さようなら」は江戸時代後期頃から使われていて、明治以降の小説からも使用例がかなり見つかります。

何で「さようなら」が別れのことばになったのかというと、もともとは「さようならば」という、それならば、それではという意味の接続詞でした。これが「ごきげんよう」「後ほど」などの他の別れの表現と結びついた形で用いられ、江戸時代後期になると「さようなら」の形で、独立した別れのことばとして一般化したというわけです。

ただ江戸時代でも、別れのあいさつに使うことばは「さようなら」だけでなく、「おさらば」などというのもありました。これは「さらば」に接頭語「お」がついたことばです。本来は丁寧な言い方だったのですが、どちらかといえば男性の町人が打ちとけた間柄で使うことばとなりました。この「おさらば」の「お」のない「さらば」は、近代以降も文語的な表現として使われています。たとえば、ドイツ民謡に作曲家の岡本敏明が訳詞をした『別れ』という歌も、「さらば」を二度繰り返して始まります。

一方、江戸時代に武士階級は何と言っていたかというと、「しからば」が用いられていたようです。この語も、「しからばおいとま」のような言い方の、「おいとま」が省略された形です。時代劇でもよく使われますね。

「さようなら」「さらば」「しからば」は、もともとすべて接続詞で後に他の別れの表現が続いていたのですが、接続詞の部分が独立して使われるようになったものなのです。

素っ気ない一言から始まった恋心——森鷗外『雁』

森鷗外（一八六二～一九二二）は、「さようなら」を小説『雁』（一九一一～一三年）の中でとても効果的に使っています。

「岡田は小僧に声を掛けた。『小僧さん。御苦労序にその蛇を棄ててくれないか』『ええ。坂下のどぶの深い処へ棄てましょう。どこかに縄は無いかなあ』こう云って小僧はあたりを見廻した。『縄はあるから上げますよ。それにちょっと

待っていて下さいな』女主人は女中に何か言い附けている。その隙（ひま）に岡田は『さようなら』と云って、跡を見ずに坂を降りた」（一九）

引用した部分だけだとよくわからないかもしれませんが、この小説の主人公、医科大学生の岡田が、高利貸末造の妾（めかけ）であるお玉の飼い鳥を、たまたま蛇の難から救う場面です。岡田はお玉のことは見知っていたのですが、二人はこのときに初めてことばを交わしたのです。ただ岡田は、素っ気なく「さようなら」と言って立ち去ってしまいます。一方のお玉は、岡田に恋心を抱くようになります。『雁』では「さようなら」は、このような印象的な場面で使われているのです。

ところで、『雁』の結末です。ある日、お玉はひそかに岡田を待ち受けるのですが、ちょっとした偶然から彼女の思いは通ぜず、岡田はドイツ留学のため日本を去って行くのでした。その偶然が何だったのかは、やはり小説をお読みください。

共白髪（ともしらが）

「共白髪」は、夫婦そろって長生きして、共に白髪になることをいいます。つまり、夫婦そろって長生きであるということです。

同じ意味の語に「相老（あいおい）」「偕老（かいろう）」があります。「相老」は、二つ以上のものが一緒に生育するという意味の「相生い」からで、「生い」に「老い」の意を掛けています。意味は、夫婦が共に年久しく長らえることです。最近は結婚式で聞くことはほとんどなくなりましたが、謡曲『高砂』に、

「年久しくも住吉（すみよし）より、通ひ馴（な）れたる尉（じょう）と姥（うば）は、松もろともにこの年まで、相生の夫婦となるものを」

とあります。能装束の老夫婦が熊手とほうきを手にした姿を、絵や彫刻などでご覧になったことがあるでしょう。それが「尉と姥」です。

「偕老」は、老を偕(とも)にするという意味で、夫婦が老年になるまで生活を共にすることをいいます。「偕老同穴(どうけつ)」ともいうのですが、「同穴」は同じ墓に葬られるということです。夏目漱石(なつめそうせき)（一八六七〜一九一六）の小説『吾輩は猫である』（一九〇五〜〇六年）では、次のように使われています。

「主人が偕老同穴を契(ちぎ)った夫人の脳天の真中には真丸(まんまる)な大きな禿(はげ)がある」（四）

苦沙弥(くしゃみ)先生と奥さんは、この「禿」のことでちょっとした夫婦げんかをします。先生は、もし嫁にくる前から禿げていたのなら、自分はだまされたのだと思うのでした。

放蕩者の若旦那と芸者の夫婦の大阪物語――織田作之助『夫婦善哉』

「共白髪」は、織田作之助(おださくのすけ)（一九一三〜四七）の小説『夫婦善哉(めおとぜんざい)』（一九四〇年）では、次のように使われています。

「『あんな女と一緒に暮している者に金をやっても死金同然や、結局女に欺されて奪られてしまうが落ちや、ほしければ女と別れろ』こない言うたきり親父はもう物も言いくさらん。そこで、蝶子、ここは一番芝居を打つこっちゃ。別れた、女も別れる言うてますと巧く親父を欺して貰うだけのものは貰たら、あとは廃嫡でも灰神楽でも、その金で気楽な商売でもやって二人末永う共白髪まで暮そうやないか」

何だかとんでもないことを言っていますが、こういうことです。安化粧品の卸問屋の若旦那、維康柳吉は妻子のある身でしたが、大阪北新地の芸者蝶子と駆け落ちして、所帯を持とうとしていたのです。ところが柳吉は大変な放蕩者で、蝶子が苦労して貯めた金をすぐに使い込んでしまいます。そこで、蝶子と一芝居打って、自分の父親から金をせしめようと考えたわけです。そんなどうしようもない柳吉でしたが、蝶子との仲は続き、やがて大阪法善寺横町の「めおとぜんざい」というぜんざい屋に二人で行きます。このぜんざいは、「女夫」の意味で、一人に二杯ずつ出すのです。小説のタイトルは、この店の名から付けられました。

『夫婦善哉』は、意志が弱く浪費家の柳吉と夫婦になった、しっかり者の女房蝶子が、いかにも大阪人らしい生活力をもってさまざまな苦難を切り抜けていく物語です。ただ、割れ鍋に綴じ蓋のような夫婦ではあったのですが。

おだ・さくのすけ【織田作之助】［1913〜1947］小説家。大阪の生まれ。大阪庶民の生活を描いた作家として知られる。小説「夫婦善哉」「世相」「土曜夫人」、評論「可能性の文学」など。

莫逆（ばくぎゃく）

九七

「莫逆」は、極めて親密な間柄のことで、特にそのような友のことをいいます。多く、「莫逆の友」「莫逆の交わり」「莫逆の交」「莫逆の契り」などの形で使います。心に逆らうことがないという意から生じたことばです。「ばくげき」とも読みます。

現存する日本最古の漢詩集『懐風藻』（七五一年）に、天智天皇の皇子である河島皇子

（川島皇子とも）の漢詩が一首収録されているのですが、そこに付載された略伝に、

「始め大津皇子と莫逆の契りをなす。津の逆を謀るに及びて、島則ち変を告ぐ（原文は漢文）」

とあります。河島皇子は大津皇子と「莫逆の契り」をなすほどの仲でしたが、「津（大津皇子）」が謀反を計画するに及んで、「島（河島皇子）」はそれを密告したという意味です。大津皇子の謀反とは、天武天皇の皇子で幼少の頃から天智天皇の寵愛を受けていた大津皇子が、天武天皇が死去すると、皇太子草壁皇子に対して謀反を企てたとして捕らえられた事件です。大津皇子は死罪となります。『懐風藻』には河島皇子の漢詩のすぐ後に、大津皇子伝とともに、「臨終」と題する辞世の句などが収められています。大津皇子のことは「暁」（P22）「ゆくりなく」（P279）でも触れました。

「莫逆」と同じような意味で「刎頸」という語もあります。たとえ頸を刎ねられても悔いない親密な交友という意味で、「刎頸の友」「刎頸の交わり」などと使います。これは中国の『史記』「廉頗藺相如伝」にある故事によります。戦国時代の趙の武将廉頗は、藺相

如が戦功ではなく外交交渉で成功を収めて自分より上位の上卿になったのを怒って辱めようとしたのですが、相如が国のために争いを避けようとしていると聞き、悔いて謝罪に行き刎頸の交わりを結んだというものです。「莫逆」も「刎頸」も、単に親友というより、もっと強い結びつきの友のことです。

有名私大の創立者が生き生きと語る自叙伝――福沢諭吉『福翁自伝』

慶応義塾の創立者、福沢諭吉（一八三四〜一九〇一）が晩年に書いた自叙伝『福翁自伝』（一八九九年）の中に、「莫逆」を使った次のような一節があります。

「中津に居たとき子供の時分から成年に至るまで、何としても同藩の人と打解けて真実に交わることが出来ない、本当に朋友になって共々に心事を語る所謂莫逆の友と云うような人は一人もない、世間にないのみならず親類中にもない、と云て私が偏窟者で人と交際が出来ないと云うではない」（品行家風）

福沢諭吉は中津藩（現大分県中津市）の下級士族の出身です。『福翁自伝』は幼少時代に始まり、長崎修業時代、緒方洪庵（おがたこうあん）の蘭学塾の時代、咸臨丸（かんりんまる）で渡米するなど三度の洋行、維新時代のことなどが、口述筆記だったこともあり、諭吉の肉声が伝わってくるように、生き生きと描かれています。

引用文は、ふだんの行いや習慣について述べた部分です。ここでは「莫逆」は「ばくげき」と読ませているようです。自分の流儀は生涯変わらないだろうといって、自身における人との交わりの仕方についてこのように語っているのです。親密な友はいなかったが、自分はおしゃべりな方だともいっています。ただそれは表面的なことで、「実はこの人の真似をして見たい、彼（あ）の人のように成りたいとも思わず、人に誉（ほ）められて嬉（うれ）しくもなく、悪く云われて怖くもなく、都（すべ）て無頓着（むとんじゃく）」だったなどとも述べています。もちろんそれは謙遜であって、自分の世界を持っていた少年だったのだろうと思われます。

ふくざわ・ゆきち【福沢諭吉】［1835〜1901］啓蒙思想家・教育家。大坂の生まれ。豊前（ぶぜん）中津藩士。大坂で蘭学を緒方洪庵に学び、江戸に蘭学塾（のちの慶応義塾）を開設、のち、独学で英学を勉強。三度幕府遣外使節に随行して欧米を視察。維新後、新政府の招きに応ぜず、教育と啓蒙活動に専念。明六社を設立、「時事新報」を創刊。著「西洋事情」「学問のす〻め」「文明論之概略」「福翁自伝」など。

破天荒（はてんこう）

「破天荒」は、だれも成し得なかったことをすること、前例のないこと、前代未聞という意味です。「天荒」とはまだ開かれてなく、荒れて雑草などがはびこっている土地のことです。中国、唐の時代に、荊州(けいしゅう)は官吏の採用試験の合格者が一人も出なかったために、人々から「天荒」と呼ばれていました。あるとき、その地から及第者が初めて出たため、「天荒を破った」つまり「破天荒」といわれたというのです。「破天荒」はこの故事に拠(よ)る語です。

ところが最近、「破天荒」を「豪快」「大胆」という意味で使う人が増えています。でもそれは、従来なかった意味なのです。たとえば、森沢明夫(もりさわあきお)（一九六九〜）の小説『津軽百年食堂』（二〇〇九年）でも、

「『お前の爺さんはな』下を向いたまま、父がぽつりぽつりとしゃべり出した。『お前が三歳のときに死んだから覚えてないだろうけど、昔はとんでもなく破天荒な人だったんだ。博打はやるわ、大酒飲んで喧嘩(けんか)はするわ、夜遊びはするわで、家族も店も大変だったんだ』」（四・大森陽一）

と使われています。この場合の「破天荒」は、暴れ者、乱暴者というイメージに近いと思います。最近は「破天荒」は、こちらの意味だと思っている人の方が多いかもしれません。どうしてそのような意味になったのかというと、おそらく「破」「荒」という漢字にひかれてのことでしょう。ただ、この意味で使う人はかなり多く、辞書でもこの新しい意味を載せるものが増えています。私もこの新しい意味は誤用だとは思いませんが、ただ、本来の意味を知っていても損はない気がします。

社会派推理小説の巨匠の芥川賞受賞作――松本清張『或る「小倉日記」伝』

意外に思われるかもしれませんが、社会派推理小説で知られる松本清張(まつもとせいちょう)（一九〇九〜

九二)は芥川賞作家でした。その受賞作『或る「小倉日記」伝』(一九五二年)で、「破天荒」が使われています。

「彼の家に、てる子のような若い美人が遊びにくることは殆ど破天荒なことだった」(八)

「彼」とは、この小説の主人公田上耕作(たのうえこうさく)という青年です。『或る「小倉日記」伝』は、散逸したと信じられていた森鷗外の『小倉日記』を補完するために、耕作が小倉時代の鷗外の行跡を母親と共に調査していく姿を描いた作品です。耕作は体に障害があり、ことばも不明瞭で、母親はそんな耕作に何とか嫁をと思っていたのですが、なかなか縁談がまとまらずにいました。そのような家に、てる子という女性が遊びに来たのです。そんなことは今までになかったと、「破天荒」を使って強調しているのです。

てる子は、耕作がかかりつけの医院の看護師でした。耕作の母はてる子を耕作の嫁にと願うのですが、てる子はきっぱりと断ってしまいます。そのことがきっかけとなり、耕作は病身をおして調査に励みます。やがて耕作は、終戦直後の食料難もあってさらに症状を悪化させ、昭和二五年の暮れについに息を引き取ります。そして、その翌年の二月に東京で鷗外の『小倉日記』が発見されるのです。もちろん、耕作はその事実を知らなかったわけです。耕作の生涯はいったい何だったのだろうかと、深く考えさせられる作品です。

「破天荒」はこの引用文にあるような使い方が、本来の意味に拠るものです。

まつもと・せいちょう【松本清張】［1909～1992］小説家。福岡の生まれ。本名、清張（きよはる）。犯罪の動機を重視し、背後にある現代社会の仕組みを描き出した推理小説「点と線」「ゼロの焦点」などで、社会派推理小説という新分野を開拓。時代小説・ノンフィクション・古代史論考などの分野でも活躍。他に「日本の黒い霧」「砂の器」など多数。

膝（ひざ）とも談合（だんごう）

「膝とも談合」は、どんな相手であっても相談すればそれだけの成果はあるというたとえです。思案にあまったときは、抱いた自分の膝でも相談相手になるということから生ま

れた言い方です。抱えた膝に向かって何だかぶつぶつ言っている姿を想像すると、ちょっと笑ってしまいますね。「談合」は、今でこそ競争入札の際に複数の入札者があらかじめ入札価格などを話し合い協定しておく、不正な「談合行為」のことをいいますが、もともとは、話し合う、相談するという意味だったのです。

「膝」は、本来の体の機能としてだけでなく、他にもけっこう役に立つことがあり、枕になったり（「膝枕」）、馬の代わりになったり（「膝栗毛」）します。江戸時代後期の戯作者、十返舎一九（一七六五～一八三一）が書いた『東海道中膝栗毛』（一八〇二～〇九年）の「膝栗毛」は、膝を栗毛の馬の代わりにして、徒歩で旅をするという意味です。

獄中で書き上げた小説の胸を打つ場面――葉山嘉樹『海に生くる人々』

「膝とも談合」は、たとえば葉山嘉樹（一八九四～一九四五）の『海に生くる人々』（一九二六年）で、次のように使われています。

「『およし、ね。泣くのはもうおよし。どんな、苦しい事情があるか知らない

が、聞かなけりゃわからない。泣くほどの事があるんだったら膝とも談合ってこともあるから、僕にでも話して気が紛れないこともないかもしれない。とても力にゃなれまいけれど、もし役に立つことがあったら、役に立つから、泣いてばかりいないで、話してごらんな。』」（一九）

葉山嘉樹は、自身の下級船員や労働運動の体験などをもとにした『海に生くる人々』を、労働争議にかかわり入獄した名古屋の刑務所の中で書き上げました。一九二二年のことです。

『海に生くる人々』は、暴風雪を冒して北海道の室蘭（むろらん）港を出た石炭船万寿丸が、難破船の救助信号を黙殺したり、負傷したボーイ長の手当てをしなかったりしながら横浜に向かうのですが、やがて搾取されてきた下級船員たちが階級意識に目覚め、ストライキを敢行する様子が描かれています。

引用文は、万寿丸が横浜港に入港してからの話です。正式な入港の前の晩、妻のことでやきもちを焼いていた船長は、ひそかに上陸して家に帰ろうとします。港外に停泊した船からは、はしけで行くしかないのですが、船長は個人的な用事であるにもかかわらず操舵員の小倉と船員の三上に漕ぎ手を命じます。ところが港口から流れ出る潮流に押し流されて、はしけをなかなか接岸することができませんでした。やっとの思いで上陸し、船長が漕ぎ手の二人にわずかばかりの金を与えて本船に追い返そうとすると、三上が船長を脅して女郎を買うお金を巻き上げます。女郎屋に行った小倉と三上ですが、小倉の方は相方になった女に、自分には自分が愛しているのと同じように自分のことを愛してくれる人がいるから一人で寝る。だから、床を二つ敷いて「ねえさん」は寝物語に「ねえさん」の本当の恋人の話でもしてくれと言います。そのことばに、女は急に小倉の膝の上に突っ伏して泣き入るので、小倉は引用したように女に語り掛けます。自分のような者でもよければ話を聞いてやるよと言っているわけです。これに対して女は、あなたのような人に会ったのは初めてだと言って、小倉に女郎である自分の思いを吐き出します。

小説の場面はいささか特殊な場所ですが、それはそれとして、「膝とも談合」ってこともあるから自分に話してみたら気が紛れるかもしれないよ、なんて言ってあげたら、悩み事を抱えている人は救われた気分になるかもしれません。

はやま・よしき【葉山嘉樹】［1894〜1945］小説家。福岡の生まれ。本名、嘉重（よししげ）。雑誌「文芸戦線」に参加し、プロレタリア文学初期の代表的作家となった。小説「淫売婦」「海に生くる人々」など。

ひそみに倣（なら）う

「ひそみに倣う」は、ことの善しあしをあまり考えずに、いたずらに人まねをするという意味です。また、人のまねをして何かをすることをへりくだっていうときにも使います。

「ひそみ」は、動詞「ひそむ」からで、眉のあたりをゆがめることです。「顰み」とも書きます。「倣う」は、手本としてまねをすることです。

「ひそみに倣う」は、中国、春秋時代の越（えつ）という国に、西施（せいし）という美女がいたのですが、この女性が病んで咳（せ）き込みながら顔をしかめたようすが美しかったので、皆がまねをしたという故事から生まれた語です（『荘子』天運）。けっこうミーハーな人たちが周りにいたようです。

逆説的な手法で表現した手厳しい警句集――芥川龍之介『侏儒の言葉』

芥川龍之介（一八九二～一九二七）は、「ひそみに倣う」を『侏儒の言葉』（一九二三～二七年）という警句集の中で、次のように使っています。

「芸術家の芸術を売るのも、わたしの蟹の鑵詰めを売るのも、格別変りのある筈はない。しかし芸術家は芸術と言えば、天下の宝のように思っている。ああ言う芸術家の顰みに倣えば、わたしも亦一鑵六十銭の蟹の鑵詰めを自慢しなければならぬ。不肖行年六十一、まだ一度も芸術家のように莫迦莫迦しい己惚れを起したことはない」（或資本家の論理）

「侏儒」は背丈の低い人のことですが、見識のない人を軽蔑していう語でもあります。『侏儒の言葉』は、その序で、「必しもわたしの思想を伝えるものではない。唯わたしの思想の変化を時々窺わせるのに過ぎぬものである」などと述べていますが、人生、道徳、芸術、自己などさまざまな事柄について、逆説的な手法を使って芥川自身の考えを表現した警句を載せています。

警句というのは、たとえば以下のようなものがあります。

「人生は一箱のマッチに似ている。重大に扱うのは莫迦莫迦しい。重大に扱わなければ危険である」（人生）

「クレオパトラの鼻が曲っていたとすれば、世界の歴史はその為に一変していたかも知れないとは名高いパスカルの警句である。しかし恋人と云うものは滅多に実相を見るものではない。いや、我我の自己欺瞞は一たび恋愛に陥ったが最後、最も完全に行われるのである」（鼻）

「文章の中にある言葉は辞書の中にある時よりも美しさを加えていなければならぬ」（文章）

「あらゆる言葉は銭のように必ず両面を具えている。例えば『敏感な』と云う言葉の一面は畢竟『臆病な』と云うことに過ぎない」（言葉）

いずれもけっこう辛辣な内容です。ただ、この四つの警句に比べると、最初に引用した

「ひそみに倣う」を使った警句はいささか切れ味が悪いような気がするのは、私の気のせいでしょうか。ここでの「ひそみに倣う」は、カニ缶を製造している会社の経営者が芸術家の言うことをまねして言ってみると、というのですが、詰まるところ、うぬぼれの強い芸術家を当てこすっているのです。

あくたがわ・りゅうのすけ【芥川竜之介】［1892〜1927］小説家。東京の生まれ。第三次・第四次「新思潮」同人。大正5年（1916）「鼻」で夏目漱石に認められて作家として登場。新技巧派の代表作家とされる。昭和2年（1927）自殺。命日は河童忌という。作「羅生門」「地獄変」「河童」「侏儒（しゅじゅ）の言葉」「歯車」「或阿呆の一生」など。

朋輩（ほうばい）

「朋輩」は、同じくらいの年齢の友、仲間のことです。もともとは、同じ主君や家に仕えている同僚や、同じ師に付いている弟子仲間のことをいいました。普通は「朋輩」と書きますが、「傍輩」と書くこともあります。

「朋輩」には、ちょっと面白いことわざがあります。「犬も朋輩鷹も朋輩」というものです。狩猟用のイヌとタカは、受ける待遇は違っていても、同じ主人を持つ仲間であるということから、役目や地位が違っていても、同じ主人を持てば同僚であることに変わりはないという意味です。なぜイヌとタカだけで、馬は混ぜてもらえなかったのでしょうね。

幕末に活躍した幕臣の勝海舟（一八二三〜九九）の父親、通称勝小吉（一八〇二〜五〇）は貧乏御家人でしたが、『夢酔独言』〈一八四三年序〉というユニークな自伝を書いています。どうユニークかというと、下級の幕臣の生活が江戸弁で生き生きと描かれているのです。その中に、次のような一節があります。

「夫は兄でも御言葉が過ませう。犬も朋輩、鷹も朋輩だから、そふは切られ舛まい」（林町の次兄の家のこと）

兄に行状を説教され、脇差しの柄に手をかけた兄に対して、小吉がこのように言い返しているのです。犬も朋輩、鷹も朋輩と言うくらいだから、ましてや兄弟ならそんな具合にお切りになれないでしょう、こう言って小吉も自分の脇差しの柄に手をかけるのですが、兄嫁に止められます。臨場感あふれる場面です。

討ち入り後、脱落していった仲間を思う——芥川龍之介『或日の大石内蔵助』

芥川龍之介（一八九二～一九二七）の短編小説『或日の大石内蔵助』（一九一七年）では、「朋輩」は次のように使われています。

「彼は、彼の転換した方面へ会話が進行した結果、変心した故朋輩の代価で、彼等の忠義が益褒めそやされていると云う、新しい事実を発見した」

「大石内蔵助」は播磨赤穂藩浅野家の家老大石良雄（「よしたか」とも）の通称です。内蔵助は主君浅野長矩の江戸城内での刃傷事件により浅野家が断絶した後、元禄一五年（一七〇二年）一二月一四日に、同志とともに江戸両国の吉良邸に討ち入り、吉良上野介の首を取って主君の仇を討ちました。

『或日の大石内蔵助』は、幕命により細川家にお預けとなり、幕府からの沙汰が下るのを待つ内蔵助の、ある日の出来事を描いた作品です。主君の仇を無事討ち果たし満足感に浸っていた内蔵助ですが、次第にその思いに影が差し始めます。それは仇討ちは赤穂藩士四七名で決行しましたが、多くの藩士が決行までに脱落していったことがあったからです。内蔵助はそれらの人々を憐(あわれ)みこそすれ、憎いとは思っていませんでした。ところが、世間の人々は変心したかつての仲間たちを不忠の者と見なし、そのような人々を非難することによって、逆に自分たちが忠義の者であるともてはやしているという事実に気づいてしまうのです。さらに、敵の監視の目をくらますために京で乱行の日々を送ったことに対して、つらく苦しかったに違いないと言われることにも違和感がありました。内蔵助にとっては「その放埒(ほうらつ)の生活の中に、復讐(ふくしゅう)の挙を全然忘却した駘蕩(たいとう)たる瞬間を、味(あじわ)って」いたという事実が存在していたからです。内蔵助は、心の底にしみ通ってくる寂しさを感じていたのです。ここでの「朋輩」は、かつて同じ藩に仕えた同僚という本来の意味で使われています。

引用した用例の出典

芥川龍之介全集（岩波書店）より、『あばばばば』『或日の大石内蔵助』『糸女覚え書』『芋粥』『侏儒の言葉』『伝吉の敵打ち』『鼻』『蜜柑』『若人（旋頭歌）』
折口信夫全集（中央公論社）より、『文学を愛づる心』
梶井基次郎全集（ちくま文庫）より、『冬の日』『冬の蝿』
亀井勝一郎全集（講談社）より、『愛の無常について』『大和古寺風物誌』
川端康成全集（新潮社）より、『舞姫』
北原白秋全集（岩波書店）より、『東京景物詩及其他』『フレップ・トリップ』
斎藤茂吉全集（岩波書店）より、『つきかげ』『仏法僧鳥』
坂口安吾全集（筑摩書房）より、『肝臓先生』
島崎藤村全集（筑摩書房）より、『落梅集』
太宰治全集（筑摩書房）より、『お伽草紙』『チャンス』『津軽』『道化の華』『二十世紀旗手』『パンドラの匣』
田中英光傑作選（角川文庫）より、『オリンポスの果実』
戸坂潤全集（勁草書房）より、『思想としての文学』
荷風全集（岩波書店）より、『腕くらべ』『断腸亭日乗』『日和下駄』
中島敦全集（筑摩書房）より、『山月記』
中原中也全集（角川書店）より、『山羊の歌』
漱石全集（岩波書店）より、『硝子戸の中』『草枕』『虞美人草』『行人』『三四郎』『坊っちゃん』『吾輩は猫である』『私の個人主義』
校定　新美南吉全集（大日本図書）より、『手袋を買いに』
野呂邦暢小説集成（文遊社）より、『諫早菖蒲日記』
萩原朔太郎全集（新潮社）より、『青猫』『月に吠える』『氷島』
堀辰雄全集（筑摩書房）より、『風立ちぬ』『黒髪山』『菜穂子』『大和路・信濃路』
子規全集（講談社）より、『かけはしの記』『旅の旅の旅』『墓』『墨汁一滴』
三浦綾子全集（主婦の友社）より、『孤独のとなり』『ちいろば先生物語』
新修　宮沢賢治全集（筑摩書房）より、『永訣の朝』『セロ弾きのゴーシュ』『春と修羅』『双子の星』
室生犀星全集（新潮社）より、『性に眼覚める頃』
鷗外選集（岩波書店）より、『阿部一族』『伊沢蘭軒』『雁』

『高瀬舟』『舞姫』
定本　横光利一全集（河出書房新社）より、『家族会議』『夜の靴』
吉川英治文庫（講談社）より、『宮本武蔵』『鳴門秘帖』
昭和文学全集（小学館）より、井伏鱒二『黒い雨』、岡本かの子『河明り』『母子叙情』、織田作之助『猿飛佐助』『世相』『夫婦善哉』、島崎藤村『夜明け前』、高村光太郎『智恵子抄』、立原道造『優しき歌』（「夕映の中に」）、永井荷風『つゆのあとさき』、原民喜『夏の花』、火野葦平『青春と泥濘』、松本清張『ある「小倉日記」伝』、水上勉『越前竹人形』、森敦『月山』
現代日本文学全集（筑摩書房）より、有島武郎『或る女』、国木田独歩『牛肉と馬鈴薯』、高村光太郎『道程』、高山樗牛『滝口入道』、田山花袋『田舎教師』
新編　日本古典文学全集（小学館）より、『奥の細道』『源氏物語』『古今和歌集』『更科紀行』『竹取物語』『高砂』『徒然草』『野ざらし紀行』『蕪村句集』『枕草子』『万葉集』
日本古典文学大系（岩波書店）より、『懐風藻』『山家集』
日本俳書大系（日本俳書大系刊行会）より、『綾錦』

小学読本便覧（武蔵野書院）
池波正太郎『真田太平記』（新潮文庫）
泉鏡花『鏡花小品』（隆文館）
泉鏡花『外科室・海城発電』（岩波文庫）
大前研一『「リーダーの条件」が変わった』（小学館）
岡本綺堂『半七捕物帳』（旺文社文庫）
岡本綺堂『異妖新篇』（中公文庫）
小栗風葉『恋ざめ・恋慕ながし』（新潮文庫）
尾崎紅葉『金色夜叉』（岩波文庫）
大佛次郎『鞍馬天狗』（小学館Ｐ＋ＤＢＯＯＫＳ）
押川春浪『海底軍艦』（博文館文庫）
折口信夫『死者の書』（岩波文庫）
開高健『日本三文オペラ』（新潮文庫）
開高健・山口瞳『やってみなはれ　みとくんなはれ』（新潮文庫）
菊池寛『恩讐の彼方に・忠直卿行状記』（岩波文庫）
国枝史郎『神州纐纈城』（講談社大衆文学館）
国木田独歩『武蔵野』（新潮文庫）
久米正雄『学生時代』（新潮社）
幸田露伴『五重塔』（岩波文庫）

小金井喜美子『鷗外の思い出』（岩波文庫）
佐々木味津三『右門捕物帖』（春陽堂文庫）
佐藤紅緑『ああ玉杯に花うけて』（講談社文芸文庫）
獅子文六『自由学校』（ちくま文庫）
下村湖人『次郎物語』（新潮文庫）
薄田泣菫『泣菫詩集』（大阪毎日新聞社）
徳田秋声『黴』（新潮社）
直木三十五『南国太平記』（角川文庫）
萩原朔太郎『純情小曲集』（新潮社）
林芙美子『放浪記』（岩波文庫）
林不忘『丹下左膳　乾雲坤竜の巻』（講談社大衆文学館）
葉山嘉樹『海に生くる人々』（岩波文庫）
原民喜『原民喜全詩集』（岩波文庫）
樋口一葉『にごりえ・たけくらべ』（岩波文庫）
福沢諭吉『福翁自伝』（時事新報社）
福田英子『妾の半生涯』（福田英）
船戸与一『蝦夷地別件』（新潮文庫）
真継伸彦『鮫』（河出文庫）
三島由紀夫『潮騒』（新潮文庫）
三島由紀夫『仮面の告白』（新潮文庫）
水上滝太郎『大坂の宿』（岩波文庫）
水上瀧太郎『貝殻追放』（国文堂書店）
室生犀星『抒情小曲集』（感情詩社）
森沢明夫『津軽百年食堂』（小学館文庫）
安岡章太郎『大世紀末サーカス』（小学館Ｐ＋Ｄ　ＢＯＯＫＳ）
与謝野晶子『みだれ髪』（東京新詩社）
与謝野晶子『晶子新集』（阿蘭陀書房）
勝小吉『夢酔独言』（講談社学術文庫）
根岸鎮衛『耳嚢』（東洋文庫）
安楽庵策伝『醒睡笑』（角川文庫）

参考文献

『日本国語大辞典』（第二版　小学館　ジャパンナレッジ収録）
『デジタル大辞泉』（小学館　ジャパンナレッジ収録）
『広辞苑』（第七版　岩波書店）
『大辞林』（第四版　三省堂）

『大漢和辞典』(大修館書店)
『日本大百科全書(ニッポニカ)』(小学館　ジャパンナレッジ収録)
『改訂新版 世界大百科事典』(平凡社　ジャパンナレッジ収録)
『日本近代文学大事典』(講談社)
『国史大辞典』(吉川弘文館　ジャパンナレッジ収録)
『故事俗信ことわざ大辞典』(第二版　小学館)
『現代国語例解辞典』(第五版　小学館)
『明鏡国語辞典』(第二版　大修館書店)
『日本語新辞典』(小学館)
『三省堂国語辞典』(第七版　三省堂)
『新明解国語辞典』(第三版　第七版　三省堂)
『岩波国語辞典』(第七版　岩波書店)
『新選国語辞典』(第九版　小学館)
『美しい日本語の辞典』(小学館)
『日本名言名句の辞典』(小学館)
『日本秀歌秀句の辞典』(小学館)
『最新用字用語ブック』(第七版　時事通信社)
『記者ハンドブック』(第一三版　共同通信社)
『NHK日本語発音アクセント新辞典』(NHK出版)
『新明解日本語アクセント辞典』(第二版　三省堂)

※各エッセー末の作家紹介文のうち、以下の作家は『デジタル大辞泉』(小学館)より転載。
芥川龍之介、有島武郎、池波正太郎、泉鏡花、大伴家持、岡本かの子、岡本綺堂、尾崎紅葉、大佛次郎、押川春浪、織田作之助、折口信夫、開高健、梶井基次郎、亀井勝一郎、川端康成、菊池寛、北原白秋、国木田独歩、久米正雄、幸田露伴、斎藤茂吉、坂口安吾、佐藤紅緑、獅子文六、島崎藤村、下村湖人、高山樗牛、太宰治、立原道造、田中英光、田山花袋、徳田秋声、直木三十五、永井荷風、中島敦、夏目漱石、新美南吉、野呂邦暢、萩原朔太郎、林不忘、林芙美子、葉山嘉樹、原民喜、樋口一葉、福沢諭吉、火野葦平、船戸与一、堀辰雄、正岡子規、松本清張、三島由紀夫、水上滝太郎、水上勉、宮沢賢治、室生犀星、森鷗外、横光利一、吉川英治

【著者紹介】

神永 曉（かみなが さとる）

辞書編集者。元小学館辞典編集部編集長。

1956年、千葉県生まれ。80年、小学館の関連会社尚学図書に入社。93年、小学館に移籍。尚学図書に入社以来、37年間ほぼ辞書編集一筋の編集者人生を送る。担当した辞典は『日本国語大辞典 第二版』『現代国語例解辞典』『使い方のわかる類語例解辞典』『標準語引き日本方言辞典』『例解学習国語辞典』『日本語便利辞典』『美しい日本語の辞典』など多数。2017年2月に小学館を定年で退社後も『日本国語大辞典 第三版』に向けての編纂事業に参画している。著書に『悩ましい国語辞典』『さらに悩ましい国語辞典』（いずれも時事通信社）、『微妙におかしな日本語』『辞典編集、三十七年』（いずれも草思社）などがある。

辞書編集者が選ぶ 美しい日本語101
——文学作品から知る一〇〇年残したいことば

2021年3月31日　初版発行

著　者：神永 曉
発行者：武部 隆
発行所：株式会社時事通信出版局
発　売：株式会社時事通信社
〒104-8178　東京都中央区銀座5-15-8
電話03(5565)2155　http://bookpub.jiji.com

印刷／製本　株式会社太平印刷社

ISBN978-4-7887-1748-0 C0081 Printed in Japan